D0925067

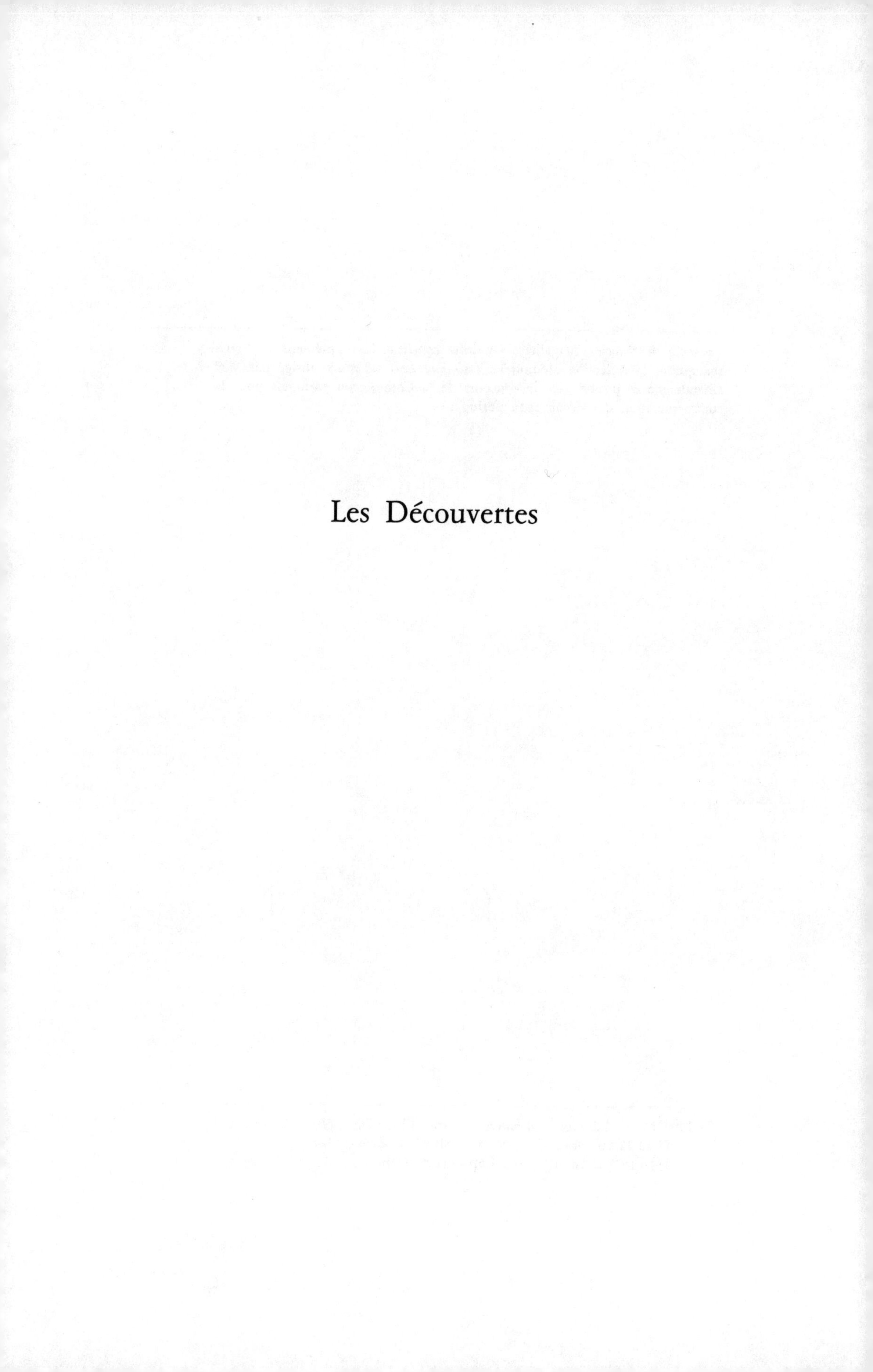

Les Découvertes

Ce texte de Vitórino Magalhães Godinho constitue le supplément de l'ouvrage inaugurant la collection Mémoires : *Lisbonne hors les murs*, dirigé par Michel Chandeigne et publié avec le concours de la Commission nationale pour la commémoration des découvertes portugaises.

Tél. : 47.70.12.50. Fax : 47.70.97.52. ISBN : 2-86260-313-9.
Dépôt légal : 3e trimestre 1990. Imprimé en France.

Les Découvertes

XVe-XVIe : une révolution des mentalités

par Vitórino Magalhães Godinho

Éditions Autrement - Série Mémoires - Supplément au n° 1

Modernes ou médiévaux les XVe et XVIe siècles ? Ces qualifications sont trop globales, trop manifestement imprécises pour nous servir d'instrument dans l'analyse de l'expansion européenne qui débute alors. On pensera ce qu'on voudra de cette controverse toujours ouverte, certains faits sont incontestables : au fil des années, la carte du globe se dessine, l'homme apprend à se situer dans l'espace, sa manière d'appréhender et de comprendre les relations humaines est imprégnée par le nombre, en même temps que par la conscience du changement ; peu à peu un critère se crée qui permet de distinguer le fantastique du réel et l'impossible du possible ; les motivations et les idées, mêlées en une complexité contradictoire, se transforment ; la production et la circulation des biens se multiplient, le marché à

N.B. Pour faciliter la lecture de ce texte, nous l'avons volontairement dépouillé de toutes les indications de références qui se trouvent dans l'édition originale portugaise (*Os Descobrimentos e a economia mundial*, préface 2e éd., Ed. Presença, Lisbonne, 1984).

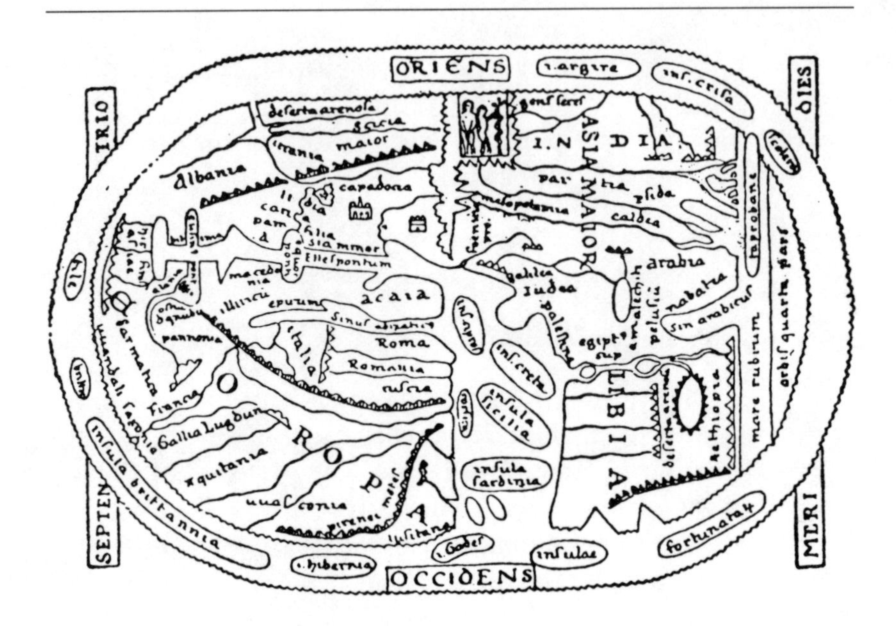

Évolution de la conception de l'espace terrestre, mappemonde du moine Beatus de Saint-Sever (vers 1050).

l'échelle mondiale devient le vecteur dominant de l'évolution économique, l'État bureaucratique et centralisé de tendance mercantile se forme. En réalité, entre le XIe et le XVIIe siècle, ce n'est pas une mais plusieurs révolutions qui ont lieu : révolution intellectuelle d'une part, révolution de la structure sociale d'autre part.

L'Espace

Veut-on la mesure de ces transformations ? Rapprochons quatre ou cinq mappemondes situées à un siècle de distance les unes des autres. Jusqu'à la fin du XIIIe siècle, qu'il s'agisse des cartes en forme de fer à cheval (comme celle d'Albi au VIIIe siècle) qui ont prédominé pendant tout le haut Moyen Âge, des cartes ovales (on peut donner comme exemple celle du moine Beatus aux environs de 776, connue par sa reproduction qui date de 1050, *cf. p. 8*), ou qu'il s'agisse, plus tard, des cartes du T en O, il n'y a pas une représentation unique de la Terre mais une énumération géographique combinée avec un système de conventions symboliques. La disposition relative des terres en fonction des directions de l'espace fait défaut, c'est-à-dire qu'on ne s'est absolument pas soucié de les disposer selon qu'elles figurent au nord ou au sud, à l'est ou à l'ouest ; on n'a prêté aucune attention aux distances, ni aux dimensions relatives, même présumées ; on a rapproché des terres éloignées, séparé des terres contiguës. Sur une déformation de la mappemonde de Beatus, qui apparaît dans un recueil parisien du XIe ou du XIIe siècle, l'Inde se trouve au nord de la Lybie (située de son côté au nord de l'Éthiopie) et à l'ouest de l'Afrique (qui a la Judée et la Palestine au sud) et elle est séparée de Tolède et de la Galice par une *mare rubrum* !

Observons une peinture de l'époque : le thème n'est pas traité selon l'espace de la perception sensorielle ni d'après la géométrie de l'expérience courante (l'euclidienne) mais selon une disposition qui obéit à une hiérarchie des valeurs - le transcendant étant plus important, par conséquent plus grand, que le terrestre, les personnages du sommet de l'échelle sociale sont plus grands que les inférieurs ; en ce qui concerne la construction du tableau, la relation « être plus loin » ou « être plus près », de même que le fait de percevoir visuellement plus petit ou plus grand, n'a aucun intérêt : ce qui compte c'est l'ensemble des relations symboliques - la divinité et les hommes, le roi et les vassaux.

Mais de la fin du XIe siècle jusqu'au XIIIe, en parallèle avec la renaissance urbaine, avec le réseau de liens commerciaux interrégionaux et même internationaux, et avec le grand élargissement des labours de défrichement, lentement, insidieusement, de nouvelles conditions culturelles se créent. Quand s'ouvre le XIIIe siècle, les milieux qui, dans la chrétienté, connaissent le latin disposent d'un capital scientifique agrémenté de culture indienne, perse et musulmane qui contraste - et de quelle manière ! - avec l'héritage latino-médiéval fait de fantaisies et d'incertitudes, de rudiments squelettiques et frustes avec lesquels on avait jusqu'alors vécu. Ses éléments essentiels nous semblent être les suivants : l'arithmétique et l'algèbre indo-musulmanes, la géométrie d'Euclide, une fois retrouvés l'exigence de démonstration et le sens de la problématique, l'astronomie de Ptolémée avec ses prolongements arabo-judaïques soit astronomiques soit astrologiques, les tables astronomiques judaïco-musulmanes, les traités ou livres d'astrolabe et autres instruments astronomico-géométriques, l'optique d'Appolonios et de Ptolémée, la biologie d'Aristote et la médecine d'Hippocrate, de Gallien et d'Avicenne. Dans un psautier enluminé à Paris dans le second quart du XIIIe siècle, l'ouverture représente un astronome (astrologue) mesurant une hauteur avec l'astrolabe, assis entre un copiste et un calculateur : civilisation de l'écriture qui cherche la mesure et utilise la mathématique et les instruments d'observation quantitative. La révolution intellectuelle est ici représentée.

Entre-temps, l'aiguille magnétique « indicatrice du sud »

est parvenue de Chine pour se transformer, en Méditerranée, en une véritable boussole, et dès 1245 des missionnaires et des marchands vont explorer intensément l'Asie. Au confluent de toutes ces conquêtes, entre 1270 et 1300, va se créer le premier système de projection cartographique, celui des rhumbs et des distances estimées, et l'on va commencer à représenter l'espace de la position et de la mesure (carte pisane de ce dernier tiers du XIIIe siècle), en appliquant les principes de la géométrie euclidienne. Voyons maintenant la mappemonde de Petrus Vesconte, de 1320 *(cf. p. 12)* : les terres sont distribuées selon les directions données par la boussole, les proportions entre les distances réelles et celles qui sont représentées sont bien rendues, ainsi que les dimensions globales ; la Méditerranée apparaît assez correctement tracée, et avec elle les zones adjacentes comme l'Arabie ; on est passé du monde symbolique au monde géométrique et aux choses comme elles sont. Bien entendu, au fur et à mesure qu'on s'éloigne de la Méditerranée, l'imprécision et l'incertitude augmentent, on sent le manque d'observations effectives et l'on retombe dans le traditionnel-conventionnel, sinon le fantastique.

Les tentatives d'irradiation méditerranéenne vers l'Océan, entre 1270 et le milieu du XIVe siècle, échouent irrémédiablement : qu'il s'agisse de l'ouverture d'une route maritime vers l'Inde des épices, ou qu'il s'agisse d'une route atlantique vers l'or soudanais. Mais au capital de connaissances positives du globe s'ajoute tout l'apport des routes caravanières. Pour un bilan franchement positif de tous les voyages et formes d'expansion des Génois, des Vénitiens et des Catalans, il nous suffit de contempler l'*Atlas catalan* de 1375-1380. La connaissance des Canaries et de l'archipel de Madère constitue une solide acquisition, et la côte africaine est représentée au-delà même du cap Bojador. Nous y voyons les principales oasis sahariennes, les escales des caravanes ; les chameliers nomades et le roi nègre de l'or y sont représentés. Le monde méditerranéen, quoique encore allongé dans le sens de la longitude, est présenté avec beaucoup de précision et de minu-

Évolution de la conception de l'espace terrestre, mappemonde de Petrus Vesconte (1320) du Liber Secretorum Fidelium Crucis *de Marino Sanudo. L'océan Indien est ouvert, l'Afrique circumnavigable.*

tie. À l'enchantement de l'Afrique de l'or correspond, plus loin, la vision non moins attrayante de l'immense Asie tartare jusqu'au Cathay et à Zaïtun (en face de Formose), avec les trois grandes routes transcontinentales - et la marche compassée de la caravane de chameaux ; quant au Sud, si la pointe de l'Inde n'y figure pas, on y trouve l'Arabie et le golfe Persique avec Ormuz ; l'Extrême-Orient, au contraire, est enchevêtré dans une confusion d'îles, parmi lesquelles Taprobana et Java, les plus importantes, ne figurent pas là où on aurait pu s'y attendre. En ce qui concerne l'Asie, il s'agit, pour l'essentiel, de la traduction cartographique de Marco Polo, complétée par quelques autres descriptions ou narrations et peut-être par des sources arabes. Que l'on compare ce planisphère d'Abraham Cresques avec ceux dont nous avons déjà parlé : on mesurera le chemin parcouru.

Et pourtant, il en reste encore à parcourir ! La cartographie génoise et la majorquino-catalane contiennent quantité d'informations positives sur l'Afrique sahariano-guinéenne et sur l'Asie illimitée aux fabuleuses richesses : si, dans ce recueil précieux et stimulant, elles servent d'ornement à une représentation à peu près exacte du monde méditerranéen, dès qu'on quitte celui-ci, les contours ne sont plus ajustés à la réalité, les distances sont davantage rêvées que calculées, les orientations se confondent parfois - très souvent - et le légendaire s'insinue progressivement. La Méditerranée, grâce aux appareils de mesure, est l'axe de la connaissance effective ; le paradis terrestre est le pôle vers lequel penche une mentalité qui aura besoin de beaucoup de temps pour concevoir de manière scientifique l'espace délimité de l'expérience économique.

Inventorions l'héritage de la révolution du XIIIe siècle et du début du XIVe : le gouvernail axial permet une meilleure fermeté dans la conduite du navire et va faciliter l'augmentation du tonnage et la navigation à la bouline ; la boussole permet de déterminer le rhumb du jour et celui de la nuit, et d'agencer les cartes ; le portulan représente la première construction de l'espace dans l'ordre opératoire ; dans les écoles de commerce et dans la préparation des « physiciens », on utilise le chiffre, les règles arithmétiques, la géométrie euclidienne, l'astrolabe et le quadrant, ainsi que les tables astronomiques. Simplement, si la représentation de la mer Intérieure appartient aux marins, celle des continents appartient aux caravaniers. Ce ne sera que très lentement, au cours des années qui vont de 1440 environ jusqu'au milieu du XVIe siècle, que, du vibord des navires et grâce aux observations faites par ceux qui débarquèrent, on pourra tracer les contours des continents. La conception traditionnelle persistera encore assez longtemps.

Considérons l'époque au cours de laquelle les découvertes portugaises prennent leur essor et où les caravelles se rapprochent de la Sierra Leone. Dans certains milieux, on ne note pas encore les effets de la révolution que le planisphère de Vesconte, de 1320, traduisait. Ainsi, sur la mappemonde anonyme de 1410 environ, dite vaticano-borgienne, l'exubérance des illustrations et des descriptions fait ressortir plus encore l'absence d'agencement et de configuration selon des modes opératoires qui tentent de transposer la mesure, la position et la forme : il manque même l'« axe scientifique » qu'est la Méditerranée des portulans. En d'autres cas, la structure fondamentale est la même que celle du planisphère de Vesconte qui date du siècle précédent - et quel progrès par rapport à celle, traditionnelle, du planisphère vaticano-borgien ! Qu'il s'agisse de la mappemonde d'Andrea Bianco de 1436, ou de celle de Leardus en 1448, ou même de celle de Fra Mauro de 1457-1459 ou de celle, dont les couleurs sont si belles, du Génois anonyme d'environ 1457, la base scientifique continue d'être le portulan de la mer Intérieure, où l'on voit une représentation que nous pouvons considérer comme juste de l'Europe, du nord de l'Afrique, du Levant et des régions de la mer Noire et de la mer Caspienne, mais aussi de la mer Rouge et de l'Arabie (du moins sur quelques-unes de ces cartes) et même de la Mésopotamie. Le littoral du Nord-Ouest africain commence d'être représenté selon les méthodes qui ont déjà fait leurs preuves en Méditerranée.

Mais sur chacun d'eux la configuration du continent africain au sud du cap Vert et de Bab el-Mandeb est purement conventionnelle, et l'on voit très clairement que les contours de l'océan Indien n'ont pas bénéficié de la même pratique de navigation par les axes de vent et par le calcul de la longitude et de la latitude déjà courant en Méditerranée. La péninsule de l'Inde, celle de l'Indochine et celle de Malacca n'apparaissent nulle part ; partout le golfe Persique est excessivement ouvert et mal placé ; sur certaines cartes, sur celle de Leardus par exemple, la Scandinavie s'étend aussi bien vers l'Occident qu'au-dessus des îles Britanniques. On va encore retrouver pareille structure fondamentale en 1493, sur la mappemonde que Hartmann Schedel insère dans sa *Chronique de Nuremberg*. Dischronies des milieux culturels, d'une part, sans aucun doute ; mais aussi quelque chose de plus enraciné et de plus général.

La carte d'Henricus Martellus *(cf. p. 16)*, en 1489, montre bien la contribution d'un demi-siècle de navigations océaniques portugaises : il s'agit de tout le pourtour occidental du continent africain, tracé par les méthodes que nous nommons méditerranéennes. Ainsi, en plus de « l'axe de représentation scientifique » du monde méditerranéen, selon les parallèles, il existe un autre « axe de représentation scientifique » selon le méridien, qui souffre malgré tout d'une distorsion en longitude. Mais l'Orient est toujours représenté au sein du même schéma de vision continentalo-terrestre, encore que la péninsule indochinoise (la Chersonèse d'or) s'en détache. Plus loin, de la masse de la Chine, une autre péninsule encore plus vaste que la précédente s'allonge jusqu'au sud de celle-ci, englobant l'ancienne Taprobana (Sumatra) ; la masse péninsulaire indienne n'est toujours pas détachée, et, près de l'Inde, on peut voir l'île de Ceylan (nommée ici Taprobana) ; l'Afrique orientale est franchement incorrecte.

Dans toutes les représentations du globe, jusqu'à la fin

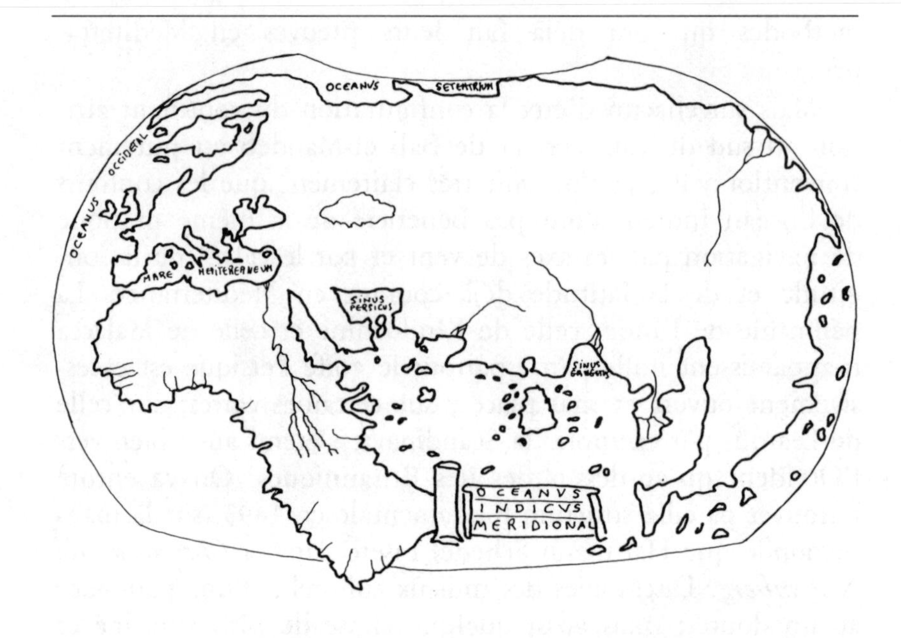

Évolution de la conception de l'espace terrestre, mappemonde de Henricus Martellus (vers 1489) ; reproduction très simplifiée.

du XVe siècle, l'Océan entoure les continents, et le centre se situe toujours à Jérusalem ou du moins au Proche-Orient ; aux cartes T en O succèdent les planisphères dans lesquels prédomine un axe longitudinal marqué par la Méditerranée au Ponant, et par la « colonne vertébrale » (les chaînes de montagne) de la masse asiatique au Levant : vision des navigateurs d'une mer intérieure et des caravaniers de l'immense steppe. Le monde habité et connu, l'œcoumène, est une masse interminable de terres qui se succèdent les unes aux autres ; l'humanité, qu'il s'agisse de sa vie ou de sa vision du monde, est radicalement terrestre et terrienne.

Durant des millénaires et des millénaires, l'Atlantique s'est dressée comme une barrière presque infranchissable. Dans les civilisations américaines indigènes ne figure aucun élément d'origine européenne ou africaine ; réciproquement, il n'y a pas la moindre contribution amérindienne aux civilisations de l'Europe ou du continent noir jusqu'à la fin du XVe siècle. À l'inverse, il est impossible de comprendre l'histoire européenne sans faire intervenir à chaque pas ses relations avec les continents voisins et ceux qui lui sont liés ; de la même manière, le passé africain est intimement articulé au passé de l'Asie, ainsi qu'aux terres et aux peuples du nord de la Méditerranée. Et il n'est pas possible de nier que les peuples amérindiens et leurs manières de vivre aient été en relation, à travers le Pacifique, avec les civilisations extrême-orientales ; il y eut très souvent des contacts, des migrations entre ces deux parties du monde ; les biens culturels ont voyagé d'ailleurs principalement dans le sens ouest-est. Or, si entre l'Asie et l'Europe les échanges furent constants, que ce soit par les voies terrestres ou par les navires qui sillonnaient l'océan Indien et la Méditerranée, rien ne s'est fait à travers le Pacifique et l'Atlantique. En somme, dans l'image heureuse proposée par Théodore Monod, le monde formait comme une bande enroulée dont les extrémités ne se touchaient pas : l'océan Atlantique les maintenait à distance.

Au XVe siècle débute l'extraordinaire aventure qui va sou-

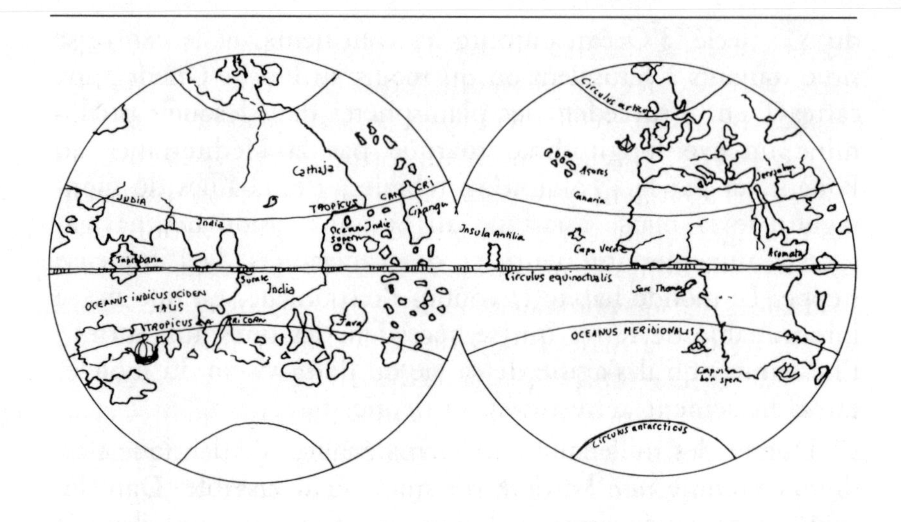

Évolution de la conception de l'espace terrestre, globe de Martin Behaïm, Nuremberg 1492 ; reproduction simplifiée.

der ces deux extrémités au-dessus de cette brèche plurimillénaire. C'est parce qu'elles ont réussi cela que les Grandes Découvertes sont réellement grandes, se plaisait à répéter Lucien Febvre. Il avait raison de le souligner. Toutefois, les Européens n'avaient pas pour but d'atteindre un continent dont ils ignoraient l'existence, ni d'établir des relations avec des peuples dont ils ne savaient rien. Ils prétendaient simplement ouvrir de nouveaux circuits - par voie maritime - pour de vieilles connaissances : l'Afrique de l'or et l'Asie des épices et de la soie. Le peuplement des archipels atlantiques, la route de Guinée et d'Angola, la route du Cap : pierres charriées, sans doute, pour l'édification du monde atlantique — européen-américain-africain — mais aussi constructions qui valent par elles-mêmes et qui restructurent à elles seules la conception de l'espace. D'un autre côté, même si des éléments de civilisation avaient émigré d'Extrême-Asie vers le continent amérindien - le peuplement de ce dernier vient finalement de là -, il est sûr que les Amériques ne faisaient pas partie de l'horizon culturel asiatique, et que les Asiatiques ignoraient leur existence.

C'est au cours de la dernière décennie du XVe siècle que la vision méditerranéo-continentale va commencer à être remplacée par la vision océanique du globe. Ce changement de perspective est dû aux tentatives pour établir une route de circumnavigation africaine qui conduise à l'Inde des épices, d'une part, et, d'autre part, à la recherche d'une route vers le ponant pour atteindre Ophir-Cipango et le mirage de l'or, et trouver une terre ferme ou des îles à l'ouest. Le globe de Martin Behaïm (Nuremberg, 1492) ne représente pas un progrès par rapport à la mappemonde de Martellus, pour ce qui est de la rigueur et de la justesse des contours continentaux *(cf. p. 18)*, mais il traduit cet appel nouveau des vastes espaces océaniques encore insondés, et les terres et les mers sont disposées de telle façon qu'elles laissent voir sans ambiguïté à quel point la route de l'ouest est séduisante, avec son escale dans l'île Antille, à Cipango et au Cathay - l'Extrême-Orient

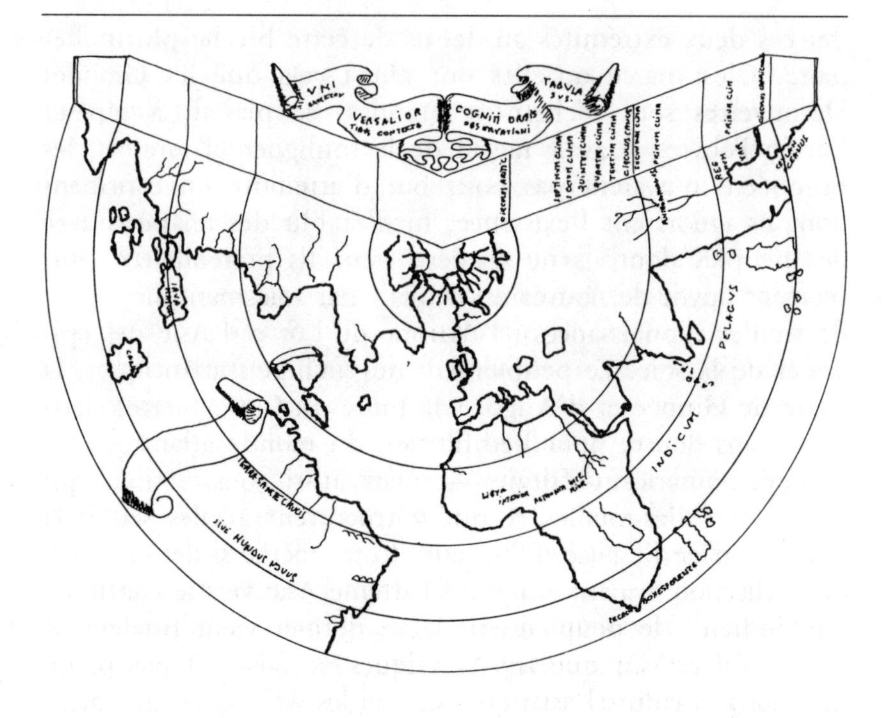

Évolution de la conception de l'espace terrestre, mappemonde de Johann Ruysch dans l'édition de Rome de la Geographia *de Ptolémée (1508), reproduction très simplifiée d'après la carte reprise dans l'Atlas du vicomte de Santarém.*

de Marco Polo - pour buts. La grande transformation apparaît sur la carte portugaise dite de Cantino en 1502. Pour la première fois, c'est tout le continent africain qui se découpe selon ses contours réels (à peine allongé en longitude) - inventaire d'observations effectives, obtenues grâce à des méthodes scientifiques - que clôt le périple de Diogo Dias en 1500. L'Inde avance comme une péninsule, encore que ses dimensions soient réduites et que sa forme triangulaire soit trop simplifiée ; et, comme sur la carte de Martellus, l'Indochine descend trop en latitude et prend trop de place ; Sumatra, à l'occident de cette dernière, est mal placée ; en dépit de la persistance de ces conventions ou de la maladresse des formes et des surfaces, l'océan Indien est élargi, de même que l'Atlantique, grâce à l'apparition des Antilles et d'une bonne partie du Brésil, tout comme, au septentrion, la terre du roi de Portugal - avancée de l'Amérique du Nord vers le levant. Il manque cependant la masse continentale de l'Amérique centrale et boréale, et l'Asie étend sa pointe jusqu'à la gauche de la Scandinavie, celle-ci étant considérée comme asiatique.

Ainsi, les deuxième et troisième tiers du XVe siècle dessinent la forme de l'Afrique pour la première fois selon un critère scientifique et finissent par substituer la perspective océanique à la perspective terrestre. Mais la substitution de la vision traditionnelle de l'Asie transgangétique par une représentation fondée sur des observations quantitatives effectives et la définition de l'espace atlantique, ayant pour base la continentalité des Amériques et leur séparation d'avec l'Extrême-Orient, vont être extrêmement lentes ! C'est que toute la perspective de l'océan Pacifique fait encore défaut.

Sur le planisphère de Ruysch en 1508 *(cf. p. 20)*, le point de vue de la navigation transocéanique triomphe sur celui des caravaniers, le Groenland et Terre-Neuve, liés entre eux, sont rattachés à l'extrémité de l'Asie qui continue d'être représentée de manière traditionnelle. L'Atlantique communique largement avec l'océan qui baigne l'Asie, que ce soit entre Terre-Neuve et les Antilles, ou entre ces dernières et la Terre de

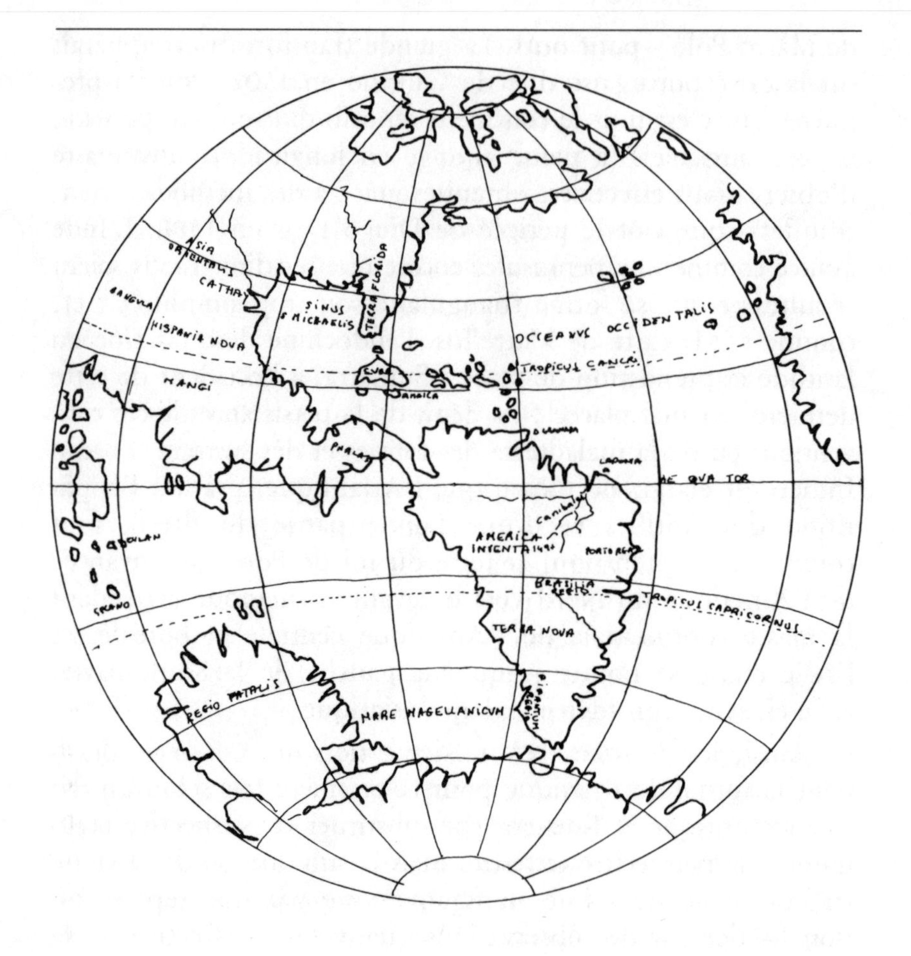

Évolution de la conception de l'espace terrestre : Globe Doré, antérieur à 1528 ; reproduction simplifiée. Il tient compte de la route de Magellan, mais les Amériques sont encore liées à l'Asie.

Santa Cruz ou Nouveau Monde (Brésil). Nous considérons que l'océan Indien est correct jusqu'au milieu du golfe du Gange, et que les formes de l'Arabie et de l'Inde sont acceptables, le golfe Persique est indiqué ainsi que Ceylan (Prilam), situé trop au nord-est ; mais plus au levant, nous retrouvons à nouveau la combinaison du conventionnel et de la géographie inspirée par Marco Polo. Le globe de Johann Schöner, en 1515, et la mappemonde d'Apianus, en 1520, basée sur ce dernier, adoptent tous deux les mêmes caractéristiques de fond. Traditionnel-conventionnel est l'Extrême-Orient de la mappemonde de Contarini (1506), gravée par Francesco Roselli et qui sera éditée telle quelle avec le nom du graveur en 1532.

Le célèbre Globe Doré de 1528 *(cf. p. 22)* représente de manière beaucoup plus correcte les Amériques, comme terre ferme unique, la méridionale détachée du continent austral, mais faisant toutes deux partie de l'immense masse asiatique : la Nouvelle Espagne serait Mangi (l'ancienne Chine du Sud), le Cathay borde le golfe du Mexique et de la Floride ; plus au septentrion, le Groenland est séparé de la Terre des Morues par la mer. D'ailleurs, Fray Bartolomé de Las Casas, dans son *Apologetica historia de las Indias*, tente de démontrer que les Indes occidentales sont une partie de l'Inde orientale, étant donné qu'elles sont conformes aux descriptions de l'*India ultra gangem* de Pline, Strabon, Pomponius Mela, Solin, saint Isidore, etc. (chap. XXII). En 1514, Giovanni d'Empoli croyait que les Antilles du roi de Castille et la Terre de Côrte Real étaient unies à Malacca, et durant plus de trois lustres, les Espagnols continueront de chercher un passage pour Cipango et le Cathay ou même pour Malacca - la Chersonèse d'or - entre l'Amérique du sud, intégrée au continent austral de Ptolémée que l'immense golfe sépare de l'Asie, et la Floride, ou entre cette dernière et la Terre des Morues.

Dischronie et disparité des milieux culturels : les centres de l'intérieur de l'Europe n'ont connu qu'avec retard les transformations successives de la représentation du globe, parce qu'ils avaient un accès moins direct aux nouvelles et étaient davantage imprégnés d'érudition livresque que d'expérience vécue sur les ponts des navires. Mais s'il y a lieu d'opposer le savant de cabinet au pilote et au marin, il existe aussi des différences de formation qui conduisent à des différences de vision entre les milieux lisbonnin et sévillan, par exemple. Au Portugal, dès l'aube du XVIe siècle, la continentalité des Amériques et leur séparation d'avec l'Inde asiatique sont conçues et affirmées, comme le note le Florentin Nettucci en 1513-1516. Cette conception, attestée dès 1501 et qui est celle de l'*Esmeraldo de situ orbis* de Duarte Pacheco en 1505-1508, se voit reflétée dans la modification de la carte de Juan de la Cosa (comme l'a démontré Duarte Leite), faite postérieurement à sa réalisation en 1500. Mais n'exagérons pas la portée de ce contraste dans les conceptions, et n'anticipons pas la définition scientifique du globe par les Portugais. Le planisphère de Lopo Homem, en 1519, réunit les Amériques en une seule terre ferme et trace correctement l'Atlantique et l'océan Indien ; mais l'Extrême-Orient se prolonge en descendant vers le continent austral, qui, d'un autre côté, est raccordé au Brésil. Dix ans plus tard, la carte universelle de Diogo Ribeiro inclut la perspective de l'océan Pacifique, quoique le contour de ce côté de l'Amérique du Nord ne soit pas correct, et que l'extrémité nord-est de l'Asie n'apparaisse pas, mais tout l'espace atlantique et l'espace de l'océan Indien sont représentés de manière scientifique, et Sumatra est correctement située.

L'ensemble des terres et des mers ne sera représenté avec le maximum d'exactitude permis par la projection de la sphère sur le plan que lorsque le calcul rigoureux de la longitude viendra compléter celui de la latitude. Mais la première révolution radicale fut celle qui permit de passer de l'espace symbolique à l'espace de la perception visuelle (perspective de la peinture) et de l'opérationnalité euclidienne, fondée sur la mesure, la position et la forme ; cartographiquement et nautiquement, c'est la carte par rhumbs et distances estimées, qui suppose et commande l'usage de la boussole et du gouvernail d'étambot. Les conséquences décisives de l'invention du gouvernail axial n'ont pas échappé au plus ancien auteur portugais d'un traité de construction navale, Fernando Oliveira : dans son *Livro da Fabrica das Naus*, peu après 1557, il décrit le système gréco-romain de rame latérale à la poupe, d'où il déduit le faible tonnage des navires anciens ; il souligne les possibilités de manœuvre ouvertes par l'installation du gouvernail et de la barre, et l'associe à la navigation océanique. Les deux dernières décennies du XVe siècle voient l'invention de la nautique astronomique : la navigation par hauteurs, c'est-à-dire en mesurant à bord et sur terre les hauteurs des étoiles et du soleil pour calculer la latitude ; on passe de cette manière à une forme plus rigoureuse de représentation de l'espace du globe terrestre, l'échelle des latitudes corrigeant et précisant l'évaluation des distances et la direction par l'aiguille.

L'homme en arrive ainsi à se situer dans l'espace parce qu'il invente les instruments qui lui permettent d'agir sur lui et de le reconstruire, moyennant la référenciation des positions, la mesure des distances, la détermination des formes, c'est-à-dire les configurations et la proportion dans les dimensions : c'est l'espace mythique construit par la fonction symbolisatrice qui se désagrège pour céder la place à l'espace de la fonction du réel, comme dirait le psychologue Pierre Janet. Dans le même temps, la perspective terrestre cède devant la perspective océanique, et le cadre, de local et régional, devient planétaire.

Avec une grande perspicacité, l'historien António José Saraiva a attiré l'attention sur un passage de João de Barros, très certainement une fable littéraire, mais qui rend parfaitement compte du nouveau vertige que procure un monde incroyablement nouveau. Quand le Conseil se réunit pour décider s'il faut ou non poursuivre l'expansion après le retour de Cabral, « pour beaucoup, à la seule vue d'une si grande côte dessinée sur la carte marine et de tant de routes indiquées que nos vaisseaux semblaient parcourir deux fois le tour du Monde connu, pour frayer le chemin du nouveau que nous voulions découvrir, un tel vertige d'imagination les saisissait que leur jugement en était obscurci ». De même qu'Hercule, dans la peinture, soutient le monde sur ses épaules, le petit pays pourrait-il à son tour soutenir sur les siennes « un monde non point dépeint, mais véritable » avec tout le poids de « la variété de tous les peuples qui y habitaient ? ». C'est ce vertige qui transparaît dans l'une des poésies du *Cancionero Geral* (1516). Diogo Velho da Chancelaria célèbre « la chasse royale » que l'on chasse au Portugal :

> « en notre vie apparaissant,
> elle qui jamais ne fut connue,
> ni son prix en sa valeur estimé »

et il indique que toute cette chasse vole « vers la grande forêt de Lisbonne »,

> « Arabie, Perse et Goa
> tout tient en son bercail.
>
> Calicut et Cananor,
> Malacca, Tabriz mineure,
> Aden, Jaffa intérieure,
> tous entrent par le même portail. »

Au Portugal on amasse :

> « Or, perles et pierreries,
> résines et épiceries,
> et autres drogueries »

et dans cette dilatation des horizons :

> « Des hommes nouveaux inconnus
> qui jamais n'avaient été vus,
> nous sont désormais aussi familiers
> que les habitants de nos contrées. »

de sorte que :

> « Tout est déjà découvert,
> le grand lointain nous est proche. »

Dans la chronique rimée des événements mondiaux que Garcia de Resende compose aux alentours de 1534, s'inspirant de la *Recollection des merveilles advenues en nostre temps* de Georges Chastelain et Jean Molinet (comme l'a montré A.-J. Saraiva), c'est dans tous les coins du globe que le poète (n'oublions pas qu'il est l'auteur des strophes sur la mort d'Inès de Castro) va glaner ses thèmes : les rois catholiques espagnols, la révolte des communautés et le soulèvement de Valence, le sac de Rome, l'impérialisme ottoman, avec, par exemple, la prise de Rhodes, mais aussi le Prêtre Jean, la ruine de l'Égypte et de Venise provoquée par l'expansion portugaise dans l'océan Indien, la conversion du Manicongo, les *amoks* malais, les mœurs sexuelles du Malabar, du Pegu (Birmanie), de Cambaie et d'autres régions, le fer comme monnaie entre les sauvages du cap de Bonne-Espérance, ce qui se passe à Ceylan, au Siam, au Coromandel, à Amboine, à Sumatra, aux Célèbes, le sacrifice rituel des veuves en Inde ainsi que les pratiques commerciales, le Soufi de Perse, l'État de Narsinga, la prise de Bintão ; il discute le brahmanisme et le luthéranisme, fait référence à l'anthropophagie au Brésil. Il est fort possible que Resende soit allé puiser au *Livre* de Duarte Barbosa ; il se situe indubitablement dans une perspective œcuménique, et, derrière ses vers, on trouve tout le capital de ces géographies humaines et économiques qui traitent de l'Afrique noire et de la mer Rouge jusqu'aux Chinois et aux insulaires des Ryû-Kyû, comme la *Suma oriental* de Tomé Pires (1513-1515) et le *Duarte Barbosa*, ou les descriptions africaines comme celles dont Valentim Fernandes a fait une compilation. Car, si la cartographie, signalant les navigations océaniques, construit l'espace terrestre selon un schéma scientifique, les multiples expériences du marchand construisent l'espace social et culturel extrêmement varié des hommes en fonction d'une observation qui n'est pas moins réaliste : productions, voies de circulation, poids et mesures, prix et monnaies, formes d'échange ou d'achat et de vente, rites et coutumes, croyances et hiérarchies sociales. C'est ainsi que João de Barros, intendant de la *Casa da India*, habitué à se pencher longuement sur les nouveaux planisphères et sur ces nouvelles sommes géographiques, conçoit, pour la première fois probablement, une vision planétaire de l'Histoire : en effet, son plan grandiose se déploie sur l'Europe, l'Afrique, l'Asie et la terre de Santa Cruz - les quatre continents alors connus. Avant lui, ce ne sont que chroniques locales ou régionales, tout au plus nationales. Parcourons la *Cronica Geral* de 1344 : elle commence au déluge et à Noé, passe par Hercule, parce qu'il est venu dans la Péninsule, et la narration, mythico-historique, se poursuit à l'intérieur du cadre péninsulaire. Les *Chroniques* de Hartman Schedel, « avec des figures et des images allant du début du monde jusqu'à l'année 1492 », intègrent mythologies biblique et classique, et histoire antique, mais leur vision est essentiellement européenne, limitée. En réalité, Barros lui-même n'est pas arrivé à réaliser son plan, et si plusieurs chroniqueurs portugais et espagnols ont été conduits à lier entre eux des événements qui se sont déroulés du Brésil aux Moluques, ou de Séville aux Philippines, l'ambition d'embrasser l'orbe tout entière en un panorama unique devait mettre plus de temps à s'affirmer qu'il n'en fallut pour la représenter sur un planisphère. Quoi qu'il en soit, le cadre de l'Histoire cesse d'être strictement méditerranéen et européen.

Une perspective à l'échelle du globe maintenant, celle du marchand. Un Vénitien du XVe siècle pense à la situation des marchés d'Alexandrie et de Beyrouth, des Flandres et de Londres ; le Génois Malfante, bien qu'il ait réussi à faire halte dans l'oasis saharienne de Tuate, n'obtient que de vagues informations sur le Soudan de l'or. Mais au XVIe siècle, la *Casa da India* doit veiller à l'achat de soie et de porcelaine chinoises à Malacca, puis en Chine même, du poivre à Sumatra, de l'argent au Japon, au chargement du bois-brésil dans les ports de Santa Cruz ; à celui des métaux du Mexique et du Pérou qui arrivent à Séville ; à la recherche des produits orientaux ou du sucre insulaire et brésilien pour les comptoirs d'Anvers, de Nuremberg et de Venise ; elle doit enfin évaluer la quantité de vieux vêtements, ou d'objets de cuivre allemands à échanger contre l'or de Mina (Saint-Georges-de-la-Mine, actuellement au Ghana), le rapport entre le prix d'achat des esclaves de Guinée et celui de leur revente aux Antilles.

Le Temps

L'administration de l'État connaît un problème analogue. En 1512, Alfonso de Albuquerque écrit à Manuel Ier : « Que Votre Altesse prenne garde à ce qu'elle décrète pour l'Inde, qui est fort lointaine », et dom João de Castro, en 1546, semble lui faire écho : « Avant que nous ayons réponse à nos lettres, et que Votre Altesse veuille secourir nos besoins, le soleil aura fait maintes courses et voulu accomplir deux révolutions entières ». La distance-temps conditionnait une forme d'organisation commerciale avec stockage et immobilisation à long terme des capitaux, vu que, écrivait encore Albuquerque : « Avant que l'avis aille de l'Inde au Portugal, et que la marchandise en revienne, trois années s'écouleront. » Distance-temps dans le transport des marchandises ou dans l'envoi des armes et des hommes, dans la transmission des nouvelles et des ordres, le plus souvent rythmée par les impératifs physiques des vents de navigation ou par les époques favorables de traversée des déserts, toujours déterminée par la rapidité des moyens de transport et de communication. Les navires du royaume doivent lever l'ancre de Lisbonne en mars ou durant les premières semaines d'avril s'ils veulent arriver en Inde en septembre ; ils quittent Cochin et Goa en décembre pour jeter l'ancre dans le Tage entre la seconde quinzaine de juin et la première semaine de septembre. Le voyage dure généralement de cinq à six mois et demi.

Les îles du Cap-Vert sont à environ deux semaines de Lisbonne, Saint-Georges-de-la-Mine à environ quarante ou cinquante jours de navigation. Entre la capitale portugaise et La

Rochelle, il faut sept à huit jours, et jusqu'au port d'Anvers ou d'Amsterdam de douze à quinze jours, mais les navires qui viennent charger le sel à Setúbal en ont pour un mois de voyage ; entre le Tage et Livourne, il faut compter environ trois semaines. Mais la tempête peut facilement doubler la durée d'un voyage, et il n'est pas rare que les nouvelles elles-mêmes se fassent rares. Les jésuites de Malacca se plaignent, en 1559, d'être restés deux ans sans nouvelles des Moluques, le navire qui avait l'habitude de venir chaque année n'étant pas arrivé ; et ils avaient déjà formulé cette même plainte en 1551. Des informations particulièrement importantes peuvent être transmises rapidement : quand Albuquerque s'empara d'Aden, la nouvelle parvint au Caire en quinze jours, grâce à des dromadaires avançant jour et nuit à marche forcée (João de Barros).

Ce ne sont pas uniquement les besoins militaires qui imposent la rapidité ; la vie économique fonctionne au court terme et à l'anticipation. Considérons l'exportation d'opium pour le Pegu : par la voie terrestre du Bengale, un courrier informe São Tomé de Meliapor, sur la côte de Coromandel, des cours pratiqués sur cette place afin de régler les chargements des navires qui doivent se rendre là-bas. Pour connaître la hausse ou la chute des prix des épices, les marchands se servent de pigeons voyageurs qui relient en une journée Ormuz à Bassorah, et en une autre Bassorah à Bagdad. L'établissement d'un courrier annuel par la voie du Levant, entre l'Inde et le Portugal, sera d'une importance considérable dans la vie de l'empire du XVIe siècle. Nécessité constante d'être sur le qui-vive pour profiter des opportunités, ne pas se laisser surprendre par un adversaire plus rapide. Souci de respecter les délais : Gregório Afonso, intendant de l'évêque d'Évora, maudit les transformations de son temps et s'exclame :

> « Honni soit celui qui en trois
> paiements paie ce qu'il doit. »

Il s'agissait des trois prestations des lettres de change - et quelle devait être l'angoisse des intendants des Finances, et des facteurs royaux ou privés, qui recevaient les nouvelles des foires de Médine ou de la Bourse d'Anvers !

Dans la pièce de Gil Vicente *Auto da Feira*, Mercure, « détenteur de maints savoirs, / gouverneur des monnaies / et Dieu des marchandises », fait

> « Maître-Marchand
> le Temps, qui paraît ici même » ;

ce dernier se présente et ordonne

> « Au nom de celui qui gouverne les marchés
> des places d'Anvers et de Médine ».

Le Temps : comme pour l'Espace, c'est le passage du plan mythique à celui de la position - en ce cas précis la date - et de la mesure. Mais il a moins de succès, et cet échec, jusqu'au XVIIe siècle bien entamé, affecte la représentation même de l'espace, car il ne permet pas de calculer la longitude. En dépit de cette limitation, l'attitude est déjà différente. Et en premier lieu, parce que pour la navigation dans l'Atlantique et dans les mers du Nord, le plus important, comme l'avait déjà démontré à la fin du XIVe siècle le poète et mathématicien anglais Chaucer, c'était la connaissance des marées pour le cabotage, et surtout pour l'entrée et la sortie des ports : ce sont les manœuvres les plus difficiles, et il en sera encore de même au XVIIe et jusqu'au XVIIIe siècle. Pour les navires exclusivement à voile, ces manœuvres requièrent parfois, et dans certains ports très fréquemment, le remorquage par des galées ou de petites galères. C'est pourquoi le marin a besoin d'avoir les horaires des marées et de savoir déterminer les heures. Au XIIIe siècle déjà, on dispose d'une table des marées pour Londres. Les gouvernements portugais du XVIe siècle continuent d'énoncer les règles « pour connaître les marées à n'importe quelle heure du jour ». À la fin du XIIIe et pendant le XIVe siècle, on invente et on diffuse l'instrument d'observation stellaire connu sous le nom de roue ou sphère des heures de la nuit (que les historiens ont parfois confondu avec l'astrolabe) et les règles de son utilisation. Dom Duarte, dans *Leal Conselheiro*, le décrit et en énumère les règles, prétendant même en avoir simplifié et perfectionné l'usage.

Jusqu'au XIIIe siècle, les horloges employées sont exclusivement des clepsydres, en bonne part à cause de l'influence de la technique et du commerce musulmans. Dans les *Libros del saber de astronomia* d'Alphonse X le Sage, ces horloges, et uniquement celles-là, sont longuement traitées. C'est durant le dernier quart de ce siècle qu'on invente véritablement les horloges mécaniques (encore qu'il y ait eu précédemment des essais plus ou moins bien réussis), et ce n'est qu'en 1348 que Dondi introduit le régulateur de bascule. On va alors commencer à installer des horloges sur les tours municipales : à Padoue en 1344, l'année suivante à Bruges, à Florence et à Gênes en 1354, à Colmar, York, Gand, et Paris en 1370, trente-trois en tout entre la première et la dernière dates. Mais, comme le note Usher : « Nous n'avons pas la certitude que toutes ces horloges aient eu des mécanismes complets, nous ne pouvons même pas affirmer qu'elles étaient toutes dotées d'un balancier, le pas le plus décisif dans le perfectionnement de l'horloge mécanique. » En 1368, Froissart, dans son poème *Li orloge amoureus*, décrit l'horloge mécanique comme pouvant servir de comparaison à l'amour. D'ailleurs dom Duarte, pour vanter son règlement, parle « des horloges à aiguille, avec des figures sur leurs couvercles » venues apparemment d'Angleterre : grâce à elles « on peut connaître le temps jusqu'à la moitié de la nuit seulement ».

À bord du navire *São Cristovão*, qui revient de Ceuta en 1416, on trouve, en plus de trois compas, une horloge dont nous ignorons le type. Dans le *Livro das Fortalezas* de Duarte de Armas (première décennie du XVIe siècle) figure la tour de l'horloge d'Olivença, d'Elvas, d'Arronches, de Chaves : et ce pourcentage est encore très réduit par rapport aux soixante bourgs de la portion terrestre qui sont représentés (mais il se peut que le peintre ait péché par omission, et, d'un autre côté, la frange maritime était peut-être mieux équipée). À Viana do Castelo, en 1521, l'hôtel de ville signe un accord avec le serrurier afin qu'il monte et règle l'horloge de la ville, de manière qu'elle fournisse l'heure exacte aussi bien de nuit que de jour ; l'artisan sera obligé de fournir lui-même tout rouage ou pièce qui viendrait à se briser. Dans sa *Ropica pnefma* (1532), où il discute les problèmes de l'essence de l'âme, João de Barros a précisément recours à la comparaison avec l'horloge. La Volonté, penchant vers l'hérésie, avait comparé l'âme, par rapport au corps, au « poids qui la fait travailler tant que dure le réglage qui lui a été assigné » ; et pour la combattre, la Raison (orthodoxe) décrit d'abord le mécanisme : « Tous les rouages de cet instrument qu'on appelle horloge sont mus par des dents et par les espaces qu'il y a entre elles, et c'est la seule force du poids qui les fait tourner selon le mouvement du ciel, comme se meuvent circulairement toutes choses ; et lorsque ce poids cesse de tendre la corde, les rouages s'arrêtent. »

Puis elle analyse la comparaison elle-même : « Ainsi que tu l'as vu dans la République de l'Âme, dont nous avons déjà parlé, les principales parties en sont toi [la Volonté] et l'Entendement : ainsi dans cette horloge spirituelle, vous êtes les deux rouages les plus importants qui faites fonctionner ceux qui ont le moins de dents. Je suis le poids qui vous force toutes, pour que vous tourniez selon les chiffres de la roue des heures qu'est la vie. » « Cette vie a douze degrés, au cours desquels elle achève sa parfaite révolution. Le marteau est l'intention, et j'aurais beau forcer, si l'un de vous est déréglé par la rouille de ces marchandises nouvellement apportées, il aura toujours le timbre du mensonge. » (On désigne ici par *marchandises* l'esprit mercantile qui pervertit les intentions de l'âme.) Au milieu du XVIe siècle, Cristóvão Rodrigues de Oliveira recense, à Lisbonne, quatre réparateurs d'horloge.

Le Nombre

Mesure de l'*Espace*, mesure du *Temps* : en réalité, au cours des XVe et XVIe siècles, le *Nombre* va s'infiltrer toujours davantage dans tous les aspects de la vie quotidienne, les événements liés aux relations humaines finissent eux-mêmes par être de plus en plus considérés du point de vue de la quantité. Non, bien sûr, que le nombre n'ait point déjà fait partie de l'horizon culturel, du moins en ce qui concerne les activités économiques. La genèse de la mentalité quantitativiste plonge ses racines dans la grande transformation des XIe et XIIIe siècles, époque où les chiffres indo-arabes pénètrent dans la chrétienté. Mais uniquement dans des cercles extrêmement réduits, très délimités.

Au Portugal, encore qu'ils soient sporadiquement connus avant le XVe siècle, et systématiquement employés dans des œuvres techniques comme les Almanachs de Coïmbra au cours du premier tiers du XIVe siècle, la première œuvre non technique dans laquelle Barradas de Carvalho les ait signalés est la *Virtuosa benfeitoria* de l'infant dom Pedro et de frère João de Verba, entre 1415 et 1433. Durant tout le XVe siècle, ils seront rares, ce sont encore les mots cités en entier qui prédominent. Ils progressent dans la comptabilité publique et privée, jusqu'à devenir majoritaires au milieu du XVIe siècle. Mais en 1633 encore, les contrôleurs des Finances de Lisbonne déclarent « que l'on ne peut faire crédit au cahier qui vient desdites dépenses de l'Inde car elles sont mentionnées en chiffres » et ils exigent que Goa renvoie les livres originaux, avec les enregistrements faits selon la norme traditionnelle dans les Comptes (AHU Inde, caisse 10), c'est-à-dire en numération luso-romaine et en entier.

La formation de la mentalité quantitativiste est liée à deux ordres de raisons. D'un côté, c'est la construction progressive de l'État moderne qui remplace les liens de dépendance personnelle, passant du momentané, de l'occasionnel, au durable, au permanent. Nous énumérerons trois points :

a) la mobilisation militaire pour la création d'armées permanentes de cadres professionnels, avec une masse recrutée selon des normes sociojuridiques déterminées, est une pression qui s'accentue toujours davantage en cette ère d'impérialisme à l'échelle du globe ;

b) les contributions, avec les impôts généraux et permanents, remplacent les revenus du domaine royal, de sorte que l'État dispose des moyens nécessaires à ses nouvelles fonctions administratives et autres, et à ses dépenses de guerre sans cesse croissantes ;

c) la comptabilité des divers services et la comptabilité publique générale, sans lesquelles les hiérarchies bureaucratiques et les différents organes de l'État - entrepôts, intendances, capitaineries, tribunaux, etc. - ne pourraient fonctionner.

D'un autre côté, au cours de ces deux siècles, l'économie de marché, essentiellement monétaire, prend racine et se développe ; basée sur la production destinée à la vente et sur la vente destinée à produire de l'argent, c'est-à-dire des liquidités (la possibilité d'acquérir tous les biens et toutes les prestations de services avec la monnaie), elle est également fondée sur la rentabilisation de l'argent. Ce qui signifie que les agents de la vie économique vont penser toujours davantage en termes de quantité, de prix, de coût, de valeur et de stock monétaire. L'influence de l'économie mercantiliste, c'est-à-dire de l'économie où le vecteur dominant est le marché, sur la structuration de l'État national le pousse à définir sa politique du point de vue du nombre - origine de la statistique.

Déjà, sous le règne de dom Diniz, si ce n'est sous celui d'Alphonse III, on recense dans tout le pays les contingents d'arbalétriers (*vizinhos*, dont le nombre a été fixé par les autorités [les *vizinhos* étaient les citoyens-résidents jouissant des droits municipaux], obligés de posséder une arbalète et d'être entraînés à son maniement en cas de mobilisation). Un nouvel enrôlement s'effectua en 1417-1422. En 1527-1531 on mène sur l'ensemble du territoire du royaume portugais un recensement des feux et des *vizinhos*, mais il est possible qu'on en ait réalisé précédemment d'autres, plus partiels. En 1497, on procéda en Alenquer et ses environs au recensement des *vizinhos* et de leurs dépendants ou travailleurs, selon les différentes catégories socio-juridiques, certainement dans un but fiscal et militaire. À peine franchi le milieu du XVIe siècle, João Brandão et Cristóvão Rodrigues de Oliveira obtiennent une statistique assez complète de Lisbonne : nombre de maisons, nombre de *vizinhos*, nombre d'âmes, d'églises, de monastères, de confréries, d'hôpitaux, leur personnel administratif, le nombre d'individus dans les différents offices - soit une véritable statistique professionnelle. Des relevés du même type furent compilés par Nicolau de Oliveira en 1620.

Avec, d'un côté, à la fin du XIVe siècle, la généralisation de l'impôt sur les transactions, fondement de l'État durant un siècle, et l'augmentation croissante du poids des recettes douanières, et, de l'autre, la complexité toujours plus grande des dépenses et des immobilisations de fonds, la comptabilité publique se développe : livres d'enregistrement des navires entrés et sortis, et des droits versés pour les marchandises ; registres de ce que l'on paie dans les ports secs, ou aux péages et dans les différentes douanes ; registres des taxes sur les transactions ; lettres de quittance dans lesquelles on énumère et on spécifie numériquement les diverses sommes reçues et dépensées par l'administrateur des magasins et entrepôts, le trésorier ou le facteur. En 1478, l'intendance centrale des Finances calcula les recettes et les dépenses ordinaires de l'année écoulée et, faisant entrer en ligne de compte certaines mesures proposées et adoptées, elle évalua ces dernières pour l'année qui commençait ; c'est peut-être le premier budget général de l'État au Portugal. Quelle signification lui attribuer par rapport à notre thème ? Non seulement on enregistre, en les ordonnant dans le temps, les opérations des services, avec leurs dates et leur précision quantitative, mais on regroupe ensuite toutes ces données numériques pour les utiliser comme base de prévision et de décisions à prendre.

À partir de ce moment, les services de l'intendance ou des

comptes ne cesseront plus, d'une année sur l'autre du moins, de faire le relevé des revenus de la couronne de ce royaume du Portugal, et des feuilles de dépenses qu'elles permettent de faire. C'est l'un de ces travaux qui servit certainement à Cà Masser en 1505. D'autres datent de 1523, 1534, 1557, 1588 (Bibliothèque nationale de Lisbonne), 1593, 1622 (British Museum) ; c'est dans des rapports de ce genre que Nicolau de Oliveira est allé quérir les chiffres qu'il cite pour 1619, et l'on connaît le *Livro de toda a fazenda* de Figueiredo Falcão, en 1607, pour ne rien dire des autres. En ce qui concerne l'État de l'Inde, on ne manque pas non plus de budgets de ce type, ou de livres de recettes et dépenses, associés parfois aux registres des propriétés et ce dès le milieu du XVIe siècle au plus tard.

Au fur et à mesure que s'écoule le XVIe siècle, la politique et la conduite des affaires publiques se fondent chaque fois plus sur la statistique. Un unique exemple : en 1588-1589, on exécute pour le marquis de Santa Cruz un long mémoire dans lequel on note dans le détail les chiffres qui vont des revenus des archevêchés, évêchés et des personnes titrées au relevé des recettes et dépenses de l'État, depuis le coût de six galions à Lisbonne à celui de l'armée dirigée par le duc de Medina Sidonia - l'Invincible Armada - avec les tonnages, les équipages, l'artillerie, les vivres ; il existe un rapport sur les rations de l'infanterie d'Espagne, un autre sur ce que coûte l'entretien de deux cents galères, cent navires et cinquante mille fantassins, d'où l'on peut déduire le coût des vivres ; on a dressé une liste des navires de la couronne du Portugal, en notant leur coût de construction, et nous n'avons pas tout dit.

Veut-on se rendre compte jusqu'à quel point la nouvelle mentalité quantitativiste liée aux finances publiques oriente la vision des choses ? Garcia de Resende, pour montrer les profondes transformations d'une génération à l'autre, en vient à mettre en rimes ces chiffres, que nous dirions arides, de l'intendance et de la trésorerie :

« Nous vîmes le royaume valoir
soixante *contos*[1], pas plus,
et les rentes s'accroître tant
que nous le voyons désormais valoir
deux cents millions de réaux,
fors l'Inde et Saint-George-de-la-Mine,
car ces dernières, en déduisant
les pertes des profits,
rendent net, par la navigation,
deux cents *contos* bien pesés » (*st.* 282).

Tentative poétique (quand bien même nous ne pouvons faire autrement que de la considérer, vue sous cet angle, comme un échec irrémédiable), la *Miscelânea*, qui date de 1534 environ, nous montre le nouveau climat quantitativiste dans le domaine des relations humaines marqué au coin par l'économie de marché. Pour nous faire sentir le pouvoir de la monarchie portugaise, on fait le récit, outre la description des villes et des bourgs d'infidèles qu'elle asservit, des « trois cents navires et vaisseaux / qu'elle pousse sur les mers et sur les fleuves / de ses royaumes éloignés » *(st. 274)*. Décrivant la famine de 1521 qui ravagea le Maroc et la Péninsule, il n'oublie pas, dans ce contexte où les « parents vendaient leurs enfants », de mentionner leur prix de vente : « ils valaient deux cent mille réaux » *(st. 257)*. Pas moins dramatique, la peste qui s'est abattue sur Rome après le sac de 1527 : on n'avait jamais vu une telle mortalité ni une telle stérilité.

« il mourait chaque jour
mille personnes, et valait
soixante mille réaux
le muid de blé, et davantage ;
nul ne pouvait en avoir » *(st. 255)*.

La montée des prix, indépendamment de telles calamités, ne lui échappe pas :

---

1. Un *conto* valait 1 million de réaux ; un ducat *(ou cruzado)* valait 400 réaux ; 1 teston (tostão) valait 100 réaux. À titre indicatif, hors des périodes d'inflation, on pouvait acheter environ 2 boisseaux de blé pour 1 ducat (1 boisseau = 13,5 à 14 l. ; un muid = 60 boisseaux). (*N.d.t.)*.

« Nous avons vu à Évora
les muids de pain valoir
quinze ou vingt mille réaux,
maintenant nous les voyons vendre
à septante mille et davantage » *(st. 233)*.

Le journal de l'artisan, dans sa précision numérique, l'intéresse aussi :

« voir des orfèvres travailler
une journée pour vingt réaux
et faire si bien qu'il n'est besoin
de parfaire à leur ouvrage » *(st. 74)*.

Au moment de la calamité de 1521, il y eut au Portugal :

« si grande famine que coûtait
le boisseau de blé un cruzado » *(st. 259)*.

Les « Lamentations de Maria Parda » sont l'expression de cette conjoncture de crise des années 1521-1523. Gil Vicente n'oublie pas d'ajouter aux lamentations de la pauvre femme des précisions quant aux prix : « Hier j'ai bu pour le prix de ma mantille / Qui m'a rapporté deux cruzados » ; dans la rue de Ferraria, elle se souvient qu'à Noël, il lui est arrivé de « boire là un de cent (un vin de cent réaux) » et que dans la rue de Cata-que-farás « Joana et moi/avons bu un de cent et cinq réaux ».

La concurrence exige qu'on connaisse les conditions effectives, quantitativement définies, des différents marchés et comptoirs. Toute la correspondance des consuls et des marchands vénitiens, dans les escales du Levant comme à Séville et à Lisbonne, est un recueil inépuisable d'informations de ce type. Mais la place de Lisbonne elle-même se doit d'être au courant de ce qui se passe à Venise : c'est ainsi qu'en 1505, par exemple, on trouve un rapport précis des chargements des galées d'Alexandrie et de Beyrouth, spécifiant les quantités des différentes épices et le prix de chacune d'elles à dater du 8 juin. Dans son extraordinaire géographie de tout l'Orient au-delà du cap de Bonne-Espérance, Duarte Barbosa nous donne une liste des prix courants sur la place de Calicut, autour de 1516, pour quarante-huit épices et drogues, définissant avec soin les unités de poids ou de mesure et les unités monétaires dans lesquelles il les exprime, ainsi que pour chaque prix, l'état de la marchandise (« fraîche et bien choisie » ; « petit et pas très bon » ; « très bien pesé »).

La non moins précieuse *Suma oriental*, contemporaine du *Livre* de Duarte Barbosa, indique les différents systèmes de poids et mesures, les différentes monnaies en circulation, et son auteur, l'apothicaire Tomé Pires, en arrive même à présenter des estimations de la production des différentes épices et drogues dans les centres producteurs respectifs. Le *Lyvro dos pesos da Yndia, e assy medidas e mohedas* d'António Nunes, dans lequel, de Sofala à la Chine, il note avec précision et rigueur ces éléments quantitatifs d'une si grande importance tant pour le négoce que pour les finances publiques, date de 1554 ; la façon de mesurer ou de peser, l'unité dans laquelle est exprimé chaque article ne sont pas oubliées : « l'ambre se vent en mithkals d'Ormuz, 60 pour un marc[2], le musc se vend en mithkals de Chiraz, 50 pour un marc ».

Il ne s'agit pas seulement de recueillir des données numériques, on va jusqu'à un début d'élaboration pour définir globalement certains ensembles ou analyser certaines branches d'activité productive et commerciale. Dans une « Information sur le poivre, les îles des Moluques et les îles de Bamda », aux alentours de 1540, on estime les productions de clou de girofle, de macis et de noix de muscade place par place dans les différentes îles productrices et dans leur ensemble : « Il y aura chaque année 1 560 bahars de noix et de macis » ; on compare ces prix-là avec ceux de Cambaie, les coûts de transport : « Pour acheter en gros et réunir toutes ces marchandises à l'époque de la mousson pour Votre Altesse, il faudra équiper trois jonques de 1 300 bahars, et chaque jonque coûtera 2 500 cruzados sans compter les frais d'entretien et l'achat

2. *Marc* et *bahar* : unités de mesure orientale. Le marc valait environ 230 g, le bahar 210 kg.

de nattes [pour le conditionnement des marchandises]. » On compare numériquement les différentes valeurs d'un marché à l'autre : « Des achats de 5 000 cruzados en vaudront plus du double aux Moluques. »

Un exemple pleinement éclairant de cette mentalité quantitativiste, tournée vers la prévision, dans un budget de 1558, porte sur le coût du poivre : on y rend compte non seulement des différents marchés fournisseurs, mais aussi du prix d'achat de chacun, des droits de douane ; des courtages ; des coûts d'embarquement, et même des dépenses de l'État portugais dans ces villes, sous la forme de factoreries et de forteresses ; on tient compte des pertes au cours du pesage et du voyage, des risques courus en mer, on calcule la fréquence des naufrages : « ... d'après les pertes des navires enregistrées ici à chaque mousson, on détermine que si l'on perd un des cinq navires - mais Dieu dans sa miséricorde ne permettra pas qu'une telle chose se produise -, en tenant compte du préjudice ainsi causé, on arrive à 3 700 quintaux nets de toute perte ». On calcule les frais de séjour des navires du royaume, à Cochin ou à Goa, sans oublier leurs différences de tonnage, et l'on fait même entrer dans le calcul final le coût de l'armée de garde de la côte du Malabar. Ces budgets, ainsi que les budgets généraux de l'État, sont basés sur le calcul de la moyenne d'un certain nombre d'années antérieures, huit quand c'est possible, toujours au moins trois ; et l'on joue ensuite avec le chiffre moyen obtenu.

À dater de 1513, la piraterie française représente une grave menace pour la navigation portugaise, menace qui va culminer de façon dramatique au milieu du siècle. Le roi, pour établir un rapport complet sur les navires assaillis, rapport qui servirait de base à une protestation diplomatique, ne se borne plus, comme il l'avait fait au début de son règne, à ordonner une enquête sur tous ceux qui ont été pillés par les Français. À présent, tout en ordonnant la suspension de la navigation vers le nord et vers le ponant, et en prenant des mesures militaires navales, il fait recenser les navires marchands et les bateaux de pêche, avec les noms de leurs capitaines et de leurs propriétaires, l'indication de leur tonnage, la présence ou l'absence d'artillerie à leur bord, et, dans l'affirmative, on doit indiquer la nature des pièces. Il s'agit donc de recueillir délibérément des faits numériques, non plus dans le domaine démographique ou fiscal, selon des normes définies, mais dans le but de servir à la prise de décision politique : nous sommes réellement dans la statistique.

Précision descriptive

Tout l'art nautique des découvertes implique le chiffre et enracine cette attitude tournée vers la quantité. Les routiers, les règlements de navigation portugaise du XIVe siècle, pas plus que ceux des deux premiers tiers du XVe, ne sont arrivés jusqu'à nous ; mais le fait même qu'ils se soient multipliés à partir de *Este livro é de rotear*, qu'on peut dater entre 1480 et 1492, et le progrès très évident qui sépare ce dernier de l'*Esmeraldo de situ orbis* de Duarte Pacheco qui lui est postérieur d'une vingtaine d'années, traduisent une préoccupation croissante pour tout ce qui peut se mesurer et s'exprimer quantitativement, et pour une description précise. Le premier routier cité indique l'itinéraire suivi, la distance estimée et d'autres informations, comme, par exemple, le nombre de brasses de fond : « Sachez que du fleuve de São João au village du Torto, il y a 3 lieues et du fleuve de São João au village du Torto, vous trouverez une terre très fertile faite de collines aux talus rougeâtres... » ; « Sachez [...] que vous pouvez mouiller par 14 ou 15 brasses en toute sécurité, que vous y trouverez un fond dégagé, et n'outrepassez pas les 7 ou 8 brasses de profondeur à cause des bas-fonds qui se trouvent entre le village du Torto et la forteresse ; et entre le village du Torto et la forteresse il y a 3 lieues ».

Dans l'*Esmeraldo*, les distances du fleuve au village et de ce dernier au château sont exactement les mêmes, mais dans le premier cas, on a ajouté l'itinéraire. Description du routier anonyme : « Et ce fleuve de São João dessine une grande rade qui, d'une rive à l'autre, fait 5 lieues et vous pouvez mouiller dans toute cette baie, tout y est dégagé, vous trouverez 12, 14 et 15 brasses et si vous mouillez par 6, 7 ou 8 brasses, prenez garde à ce qu'il adviendra ». Duarte Pacheco dira : « Ce fleuve est fort petit et étroit et il n'a en son embouchure qu'une brasse et demie à l'étale de pleine mer, ladite embouchure n'apparaissant que lorsque l'on en est tout proche ; et il y a là un lieu du nom de Sama, d'environ cinq cents foyers... » ; « une très grande baie ou rade de plus de deux lieues de circonférences, et de pointe à pointe il y a une bonne lieue, et presque au milieu de cette baie il y a l'embouchure de ladite rivière ; et cette baie est remplie d'écueils et de bas-fonds, chaque navire qui abordera ici devra mouiller par 10 ou 12 brasses et ne s'approcher davantage de la terre, et à cet endroit il se trouvera à une lieue de la même terre sur un fond sableux de bonne tenue ».

Cette comparaison révèle le progrès dans la construction logique, une meilleure capacité de choisir ce qui est significatif et une meilleure précision descriptive. De plus, l'*Esmeraldo* comprend les latitudes. Dans la *Crónica dos feitos de Guiné* (1453-1468), l'indication des latitudes fait totalement défaut (comme d'ailleurs dans le routier cité, bien qu'il soit postérieur), les profondeurs ne sont indiquées que deux fois ; en ce qui concerne les distances, rares, les erreurs vont de 22 % à 55 %, tout le littoral au sud du cap Não jusqu'au fleuve S. Domingos (Cacheu) présente seulement onze toponymes (mais sur la carte d'Andrea Bianco, en 1448, on en lit déjà 35). Comparer une chronique avec un routier ou un manuel de navigation n'a aucun sens ; mais si l'on compare l'œuvre de Zurara avec celle de Castanheda ou celle de João de Barros, à trois quarts de siècle d'intervalle, on aura le chemin parcouru dans les attitudes mentales (voir, par exemple, la description de la côte du Malabar dans les *Décades* de Barros : au XVIe siècle, les récits des chroniqueurs eux-mêmes se réfèrent toujours à un espace défini avec la minutie et la rigueur des auteurs de routiers et des navigateurs).

La nouvelle attitude, c'est celle de dom João de Castro, qui le pousse bien souvent « sous les ondes violentes pour connaître le fond des barres et savoir de quel côté se dirigent les canaux, et l'entrée des fleuves, jusqu'alors jamais parcourus, couverts de forêt vierge ; et de même pour déterminer la vérité des routes, les flux maritimes, les boucles et les marais des fleuves, les baies abritées, la différence des aiguilles, les hauteurs des villes, et faire un relevé de chaque lieu et de chaque fleuve ». C'est pourquoi les hommes du XVIe siècle ne peuvent concevoir que ces premières navigations ne soient point guidées et animées par cet esprit de recherche qui oblige à la vérification et qui, pour plus de rigueur et de précision, se sert d'appareils de mesure. Pedro Nunes écrira : « Or, il est manifeste que ces découvertes des côtes, des îles et des terres fermes n'ont pas été faites au hasard ; nos navigateurs partaient bien informés et pourvus d'instruments et de règles d'astrologie et de géographie qui sont choses que doivent connaître les cosmographes. » Cette conception humaniste, qui ne correspond pas à la réalité historique de la première moitié du XVe siècle, nous donne, précisément parce qu'elle est équivoque, l'ampleur de la révolution mentale qui s'est opérée entre-temps.

Les instruments et les règles : ou, autrement dit, la possibilité de vérifier, par la mesure, si une assertion donnée est ou non conforme à la réalité, et si, par conséquent, les critères existent pour distinguer ce qui est de ce qui n'est pas. Partant du chiffre, cette exigence va s'étendre aux aspects qualitatifs, à la description et à la notation des choses et des êtres.

Fantastique et réel

Dans la chrétienté médiévale, les idées relatives aux diverses régions du globe, aux îles et aux mers, aux montagnes et aux déserts, aux plantes et aux animaux - et aux hommes eux-mêmes - proviennent pour l'essentiel du *De situ orbis* (entre 41 et 45) de Pomponius Mela et de *Naturalis historia* de Pline l'Ancien (23-79). À partir de ces deux auteurs, qui ont peuplé l'univers de merveilles et donné une image où réalité et fantaisie sont inextricablement liées, on trouve toute une lignée de résumés et de compilations, dérivés les uns des autres, sans aucune originalité, et sans qu'on n'ait jamais fait retour au monde observable.

Au IIIe siècle, Solin compile Pomponius Mela et Pline, dans *Collectanea rerum memorabilium* ; au début du Ve siècle, Paulus Orosius compose son patchwork avec des extraits de Pline et de Solin principalement. Se fondant sur ces deux auteurs et sur Orosius, Isidore de Séville (560-636) réunit une encyclopédie de toutes les connaissances, les *Etymologiæ*, qui seront l'une des œuvres clés de la culture chrétienne du Moyen Âge. C'est de là que dérivent le *Liber glossarum*, du début du VIIIe siècle, bien qu'il utilise également Orosius, le *De natura rerum* de Bède le Vénérable (673-735), le *Liber de universo* de Rabano Mauro (856), le traité géographique du moine Dicuil, qui s'est encore servi d'un petit résumé du Ve siècle, et l'anonyme *De situ orbis* de 870. En 1100 environ, l'*Imago mundi* de Honorius Inclusus, source de toute une littérature postérieure, amalgame Isidore et Orosius, citant occasionnellement Solin, saint Augustin et Bède. Des *Etymologiæ* et de l'*Imago mundi* naît une compilation abrégée, la *Semeiança del mundo*, aux environs de 1223, la première œuvre géographique en langue romane péninsulaire, qui a dû être connue au Portugal peu après. C'est de cette lignée que provient la fameuse (et apocryphe) lettre du Prêtre Jean, qui commença à circuler à partir de 1165. En 1410, l'*Ymago Mundi* de Pierre d'Ailly continua de suivre Pline, Solin, Orosius, Isidore.

Quelle conception de la nature cette longue tradition livresque d'un même fond interminablement ruminé impose-t-elle et traduit-elle ? Notons, avant tout, que c'est une géographie complètement anachronique qui nous donne, en plein

XIIIe siècle et jusqu'au XVe, la situation des diverses régions telle qu'elle était (si l'on peut dire) dans l'Antiquité - sans tenir compte de l'islam, par exemple. Le monde est un amas de monstres, de prodiges, de merveilles. Ce sont, près des sources du Gange, les *Astonei* sans bouche, qui vivent sans manger ni boire, en ne respirant que certaines plantes ; ce sont, en Inde et dans d'autres régions, des hommes qui mangent des cobras et vivent quatre cents ans grâce à cette chair ; à l'ouest, des troglodytes, la tribu des êtres humains sans cou et qui ont les yeux sur les épaules ; en Inde de nouveau, ce sont les hommes à un seul pied mais qui sautent avec une surprenante agilité, et qui, lorsqu'ils se couchent sur le dos, s'en servent comme d'un parasol tant il est grand ; ce sont les anthropomorphes à tête de chien qui aboient au lieu de parler, sont vêtus de peaux de bêtes et vivent de la chasse.

La lettre apocryphe du Prêtre Jean ne se borne pas à faire miroiter des richesses jamais vues ni à accumuler une faune réelle mais provenant de diverses régions - les chameaux, les lions, les tigres, les ours, les aigles, les serpents. Le Prêtre, maître de fabuleux trésors, habite un palais d'ébène et de cristal, avec un toit de pierres précieuses orné d'étoiles, soutenu par des colonnes d'or ; le plus puissant monarque de l'univers, suzerain de dizaines de rois, domine les trois Indes entourées et traversées par les fleuves qui naissent dans le paradis terrestre, riches de pierres précieuses, d'or, d'argent et de poivre ; à la table du prêtre-roi s'assoient le patriarche de São Tomé, les évêques de Samarcande et de Suse et trente mille visiteurs.

L'héritage de la géographie mythique de l'Antiquité vient s'incorporer à ces visions attrayantes, qui ressemblent à des contes musulmans : depuis les licornes jusqu'aux pygmées, en passant par le royaume des Amazones et par la source de l'éternelle jeunesse. La mer de sable dont « les ondes sont si rapides qu'elles produisent des vagues redoutables » touche aux domaines du Prêtre. Personne ne peut la traverser, excepté ce roi, porté par ses griffons ; tout ce qui y fait naufrage se transforme en pierres précieuses. Cette mer de sable et de pierres, avec ses vagues véritables, passera dans les *Voyages* de Mandeville. Le poivrier croît spontanément sur le territoire du Prêtre, au milieu d'autres arbres et des serpents ; quand le poivre est mûr, on met le feu à la forêt pour brûler les serpents, et ce feu fait de ce poivre blanc du poivre noir ! Cette idée erronée et la description de cette supposée pratique qui consiste à mettre le feu à la forêt pour chasser ou détruire les animaux nuisibles, nous allons la retrouver dans la *Semeiança del mundo*, où les références à l'existence de cette épice et aux éléphants qui donnent l'ivoire, aux pierres précieuses, aux coquilles pour fabriquer la chaux et aux crues du Nil, sont les seules qui mettent une note de réalité (mais, comme nous le voyons, immédiatement dénaturée par de telles fabulations) dans la description des Indes. Car le reste n'est que la somme de toutes les merveilles tirées de Pline, par l'emprunt fait à Isidore : les cynocéphales ; ceux qui mangent du poisson cru et boivent de l'eau salée ; ceux qui naissent blancs et deviennent noirs avec l'âge ; les macrobiens avec un corps de lion, des ailes et des griffes comme les aigles, qui luttent avec les griffons ; les hommes sans cou et qui ont les yeux sur les épaules... rien ne manque.

Tout ce monde pour nous fantastique - et l'ornementation romane et gothique, sous l'influence de l'art oriental, n'en est-elle pas, pour une bonne part, une merveilleuse illustration ? - domine encore au XIVe et même au XVe siècle, dans certains cercles plus fermés de la culture livresque, traditionaliste. Nous allons voir apparaître cette liste de prodiges et de merveilles dans les *Voyages* de Mandeville, aux environs de 1370, lequel d'ailleurs y ajoute une avalanche de descriptions tirées de Marco Polo et d'autres voyageurs qui nous ont donné la première vision de la réalité extra-européenne ; c'est encore à elle que nous avons affaire dans l'*Ymago mundi* de Pierre d'Ailly. Au début du XVe siècle, frère Balthasar de Vila Franca copiera au Portugal les vingt livres des *Etimologiæ* d'Isidore de Séville, qui seront d'ailleurs édités à l'extérieur au XVIe siècle. L'œuvre de Pierre d'Ailly sortira elle aussi des presses, en plus des copies manuscrites. Mandeville sera dispersé en rien moins que huit éditions au XVe siècle, et il sortira des presses de Valence en 1521 et 1533.

L'idée du paradis terrestre où naissent les quatre grands fleuves, nous la trouvons, par exemple, dans la lettre dite du Prêtre Jean, au XIIe siècle, dans la *Semeiança del Mundo*, du XIIIe siècle, dans les *Voyages* de Mandeville du XIVe siècle, pour nous en tenir à ces exemples. Or la mappemonde, dessinée entre 1482 et 1488, qui se trouve à la Bibliothèque universitaire de Leyde et celle de la Bibliothèque nationale de Paris, qui date des environs de 1492, que La Roncière attribuait à Colomb, figurent toutes deux le Paradis Terrestre, en Orient, et l'on peut lire sur la seconde *longo tractu terræ et maris separatus*. Dans l'*Esmeraldo de situ orbis* on parle encore des cynocéphales et des cobras géants qui se dissolvent dans l'eau. Dans l'*Urbis olisiponis descriptio*, de 1554, Damião de Góis discute l'affirmation de Varron, Pline et Solin, selon laquelle, en Lusitanie, les juments sont fécondées par le vent, et en dépit du scepticisme de Justin, il tend à l'accepter parce que les physiciens admettent la procréation sans relation sexuelle ; quant aux tritons à voix humaine et aux hommes marins, il produit même des témoignages de gens de sa connaissance tendant à prouver leur existence sur les côtes mêmes du Portugal.

Dans la chronique dite de Nuremberg de Hartman Schedel (1493), ce n'est pas seulement une mappemonde d'une conception entièrement traditionnelle que l'on peut voir : ce sont également, sur des colonnes marginales de deux pages, les dessins de tous les monstres décrits par Pline et complaisamment repris par ses successeurs. Mais comment s'en étonner si, dans la bien plus tardive *Cosmographia* de Sebastião Münster, dans l'édition de 1558, on trouve, page 1158, reproduits à la page 1229, les dessins de l'homme au pied démesuré qui lui sert de parasol, le cynocéphale, l'homme qui a le visage dans la poitrine, et le Lilliputien ; on voit également - et sur rien moins que trois pages - les monstres marins et terrestres des régions septentrionales ; la carte de l'Afrique comprend encore le dessin de l'homme à l'œil unique - à côté de perroquets et d'éléphants. Mais sur la propre carte du Brésil de Lopo Homem-Reínel, de 1519, cette exception dans la représentation du paysage se manifeste dans l'insolite apparition, dans un contexte fort réaliste, d'un dragon crachant du feu. Dans les enluminures des livres manuélins, les êtres fantaisistes pullulent : ainsi, dans l'ouverture de l'*Além-Douro*, de chaque côté du médaillon réaliste où l'on voit un groupe de navires, se trouvent deux êtres mi-hommes mi-chevaux.

Fantastique et réel continuent donc de coexister dans la culture du XVe et même du XVIe siècle, et le premier ne sera radicalement éliminé que lorsque se constituera, au XVIIe siècle, une véritable science de la nouvelle géographie. Mais frère Gaspar da Cruz n'en a pas moins raison lorsqu'il écrit, en 1569, à propos de la géographie traditionnelle : « Ce qu'ont dit les Anciens des Pygmées, qu'ils étaient des Scythes qui vivaient à l'extrémité de la Scythie, des hommes très petits qui se battaient avec leurs ongles pour l'or, est un conte fabuleux, comme toutes les choses qu'on contait au sujet d'hommes qui vivaient prétendûment en Inde, et qui avaient de toutes petites bouches, avalant leur nourriture par des sortes de pipes, et d'autres qui avaient un si grand pied qu'il leur faisait de l'ombre lorsqu'ils le dressaient au-dessus de leur tête. Ça et bien d'autres choses », notons bien ce passage, « sont maintenant tenues pour fabuleuses depuis que l'Inde a été découverte par les Portugais ». L'observation effective du réel, si difficile à l'homme, qui, entre le monde et lui, interpose si souvent le rideau non diaphane du mythe, est de fait une grande conquête du XVe et du XVIe siècle. Notons la persistance de deux « prodiges » dans l'œuvre de Duarte Pacheco : ce sont néanmoins les seuls au milieu de cette avalanche de faits précis sur un continent qu'on découvrait alors pour la première fois. Conquête, depuis les récits de Guinée du marchand vénitien Ca'da Mósto, en passant par la compilation faite par Valentim Fernandes, et qui concerne principalement le Nord-Ouest africain, et par l'*Esmeraldo*, pour arriver aux grandes sommes orientales de Tomé Pires et de Duarte Barbosa, et en poursuivant avec les descriptions précises et exactes des chroniques de Castanheda et de João de Barros, le *Tratado breve dos rios de Guiné* de André Álvares de Almada - et beaucoup d'autres récits de voyages ou tableaux géographiques. Mais il nous suffit de relire ce mémorial rimé qu'est la *Miscelânea*, aux environs de 1534. Encore que Garcia de Resende déclare :

> « Et sur terre nous vîmes des monstres,
> et dans le ciel de grands présages,
> et des choses surnaturelles,
> de grands prodiges de guerre,
> famines, pestes et choses telles :
> on raconte qu'à Chypre on en vit
> un fort grand nombre,
> à Rome, Milan et autres lieux.
> Nous vîmes des arts de nigromance
> qui contrefont l'Antéchrist » *(st. 191)*.

La vérité, c'est que les prodiges et les merveilles ont pratiquement disparu de cette peinture du monde qui va de Lisbonne à l'Extrême-Orient. Voyons les stances relatives à l'Inde (62-120) : c'est l'éblouissement des richesses - mais elles sont réelles (épices et drogues, diamants et autres pierres précieuses, tissus somptueux, métaux) -, c'est la référence aux pratiques mercantiles et aux marchandises offertes et recherchées, aux métiers et aux industries ; une description irréprochable de la navigation (« deux vents, deux moussons, ils naviguent toujours vent arrière, de même au retour ») ; l'indication numériquement précise du salaire quotidien, la description des sacrifices rituels, des coutumes sexuelles, la définition des institutions politiques et du mode d'héritage :

> « leurs enfants n'hériteront point,
> car ils ne font confiance aux mères,
> et c'est un de leurs parents qui héritera,
> enfant d'une sœur ou d'une cousine ».

On indique les caractéristiques du système de castes, on précise les coutumes funéraires. Si l'émerveillement de l'exotique existe bel et bien, nous sommes plongés en pleine réalité, nous nous mouvons sur le plan de l'observable, de ce qui peut être vérifié. On passe du plan du « cela peut aussi bien être comme ça qu'autrement » et du « un peu plus ou un peu moins » au plan du « c'est exactement comme ça », pour reprendre, en les modifiant, certaines expressions de Lucien Febvre.

Cela ne signifie pas, notons-le bien, qu'on ait découvert la nature dans toute la multiplicité de ses aspects et qu'on adopte désormais devant elle - aux XVe et XVIe siècles - une attitude effectivement scientifique de recherche des relations constantes construites de manière opératoire, en se basant sur la mesure et en s'exprimant mathématiquement, ce qui conduit à la vérification expérimentale (à l'expérience provoquée dans des conditions bien définies et qui permettent d'opérer). La vue commence sans aucun doute à surpasser les autres organes sensoriels - dans le *Livro da montaria*, déjà, rédigé sous la direction de Jean Ier, on affirmait que la vue est le plus important des sens.

Mais dans toute la peinture portugaise du XVe et du XVIe siècle, le paysage manque, surprenante absence, à laquelle on n'a pas prêté l'attention méritée, trop obnubilé qu'on était par l'idée quelque peu préconçue que les découvertes avaient d'emblée découvert le monde et la nature dans sa totalité. Le paysage sera véritablement inventé par les Hollandais à la fin du XVIe siècle. Il se trouve déjà, bien sûr, dans l'enluminure française de la fin du Moyen Âge. Généralement conventionnel chez les primitifs, flamands ou non, encore que dans l'un ou l'autre cas, l'atmosphère urbaine soit rendue (nous pensons au fond de *La vierge et le chancelier Rolin*), il n'est pas totalement absent chez les Italiens de la Renaissance, bien que trop souvent coupable d'anthropomorphisme et vu de manière mythologique. Ce qui est incontestable, c'est qu'au Portugal, à la découverte humaine et sociale d'un polyptyque comme celui attribué à Nuno Gonçalves ne correspond pas, même une fois les mers sillonnées et l'intérieur des terres explorées, la moindre découverte picturale, portant sur le monde des êtres et des choses.

Dans la cartographie elle-même, la représentation du paysage est rare : le Brésil de l'atlas de Lopo Homem-Reínel, en 1519, fait un peu figure d'exception. Dans la *Ropica pnefma* (1532) João de Barros distingue : « Il y a des peintres qui se délectent à peindre des nus ; d'autres ont plus de goût pour la draperie ; d'autres s'oublient eux-mêmes dans les paysages propices à la contemplation, et d'autres abandonnent ces trois groupes pour suivre les modèles antiques. Chacun poursuit son travail selon sa nature et ses capacités : les uns imitent la nature et d'autres la fantaisie sans ordre. Car les nus, s'ils sont parfaits, manifestent la règle de la mesure, du calcul, de la proportion. Le paysage contient la perspective et le naturel. Les draperies qui ne suivent aucune de ces lois ne servent qu'à couvrir, à doubler les corps de leurs plis. L'Antique a le goût des monstres car l'un ne va pas sans l'autre. » L'intendant de la *Casa da India* parlait d'un point de vue européen ; car dans les réalisations nationales, on ne pouvait trouver d'exemple de toutes ces catégories.

Le paysage existe-t-il dans la littérature portugaise du XVe et du XVIe siècle ? On l'a affirmé presque sans discussion, et on a présenté des extraits qui visaient à le confirmer mais c'est un procès qu'il faudrait revoir. Rodrigues Lapa, analysant le *Cancioneiro geral*, écrivait : « Ce sentiment de la nature, que l'ancienne chanson d'amour ne connaissait pas, et qui s'est réfugié, extatique et indécis, dans la chanson parallélistique[3],

3. Se dit de certaines compositions poétiques où il y a parallélisme de strophes et où l'idée se répète avec plus ou moins de variété.

surgit à présent comme l'un des thèmes de la nouvelle poésie. » Il serait d'ailleurs d'inspiration pétrarquiste, et l'historien de la littérature précise aussitôt : « La nature est devenue *un état d'âme*, qui reflète, en ses teintes sombres, le désespoir du pauvre amoureux. »

Et justement la poésie citée en exemple, celle de Diogo Brandão, nous montre un pur décor de carton-pâte sans aucune caractéristique picturalement définie : le poète va « à travers les montagnes, malheureux, soupirant », ses larmes emplissent les ruisseaux, dévalent les vallées, mais « ses maux s'accroissent encore », « les doux chants des oiseaux, si tristes, l'emplissent d'amertume », « les frais pâturages et les rivières ne guérissent pas, de leur fraîcheur, son malheur », il y a « des forêts qui vont au ciel, et des déserts », c'est dire qu'il y a de tout - et de rien. Nous ne voyons pas, comme si nous étions présents (dirait Fernão Lopes) un ensemble concret de formes et de couleurs, un groupement naturel d'orographie, de végétation, d'animaux. Il n'y a pas, en fin de compte, de paysage dans le *Cancioneiro geral*, de même qu'il n'y en a pas chez Bernardim ou chez Cristóvão Falcão - tout comme il n'y en avait pas dans les chroniques de notre premier chroniqueur, qui, passionné par le mouvement, est le contraire d'un coloriste ou même d'un dessinateur.

Ce qu'on trouve en revanche chez les auteurs portugais de cette époque, ce sont des descriptions de telle ou telle plante, ou de tel animal, dans un but utilitaire bien souvent, des énumérations de productions, et guère plus. Nous ne disons pas que, dans l'un ou l'autre cas, on n'ait pas donné les couleurs et leurs nuances, les tons du ciel ou de la mer et des fleuves, la luminosité ou la nébulosité de l'atmosphère, l'arête plus vive ou plus estompée des formes, et qu'on n'ait pas tenté de recréer un tout défini par la perception visuelle ; mais c'est rare, bien plus rare qu'on ne le pense habituellement.

On a abandonné en grande partie la poésie du fantastique (évidemment confondue avec le réel), non pour passer à un système de relations scientifiques articulé à l'expérimentation, ni pour le remplacer par une vision picturale, mais pour l'échanger contre le point de vue pratique, essentiellement pragmatique, qui voit les choses comme elles sont, et ce, principalement, en fonction des besoins d'une société donnée. C'est, si l'on veut, en forçant un peu le trait, ici encore la vision du monde du marchand, la laïcisation liée au commerce de la marchandise. Et cependant, la peinture est essentiellement religieuse dans ses thèmes et dans son inspiration, on s'arrête sur la figure humaine, sur le portrait, mais sur le portrait des grands, non sur celui des éléments du milieu marchand et industriel (de même que l'intimité du foyer bourgeois, autre découverte, ou mieux, invention de la peinture hollandaise et flamande, fait défaut !). Courants culturels contradictoires, à tout le moins décalés, quand il ne s'agit pas de circuits en vase clos.

« Este mundo tão mudado »[4]

Ces prodigieuses transformations se sédimentent par conséquent, souvent de manière contradictoire, avec les multiples héritages du passé et affectent de manière inégale les divers milieux géographiques et sociaux, les différents cercles culturels. Un moment vient où les hommes s'aperçoivent de toutes ces transformations et éprouvent quelques-unes des contradictions qu'elles provoquent dans leur manière de penser et dans leur vie affective.

En 1531, le roi d'Angleterre indique à la Seigneurie de Venise qu'à l'avenir les galées seront dispensées de se rendre chez elle car elles n'y trouvent déjà plus les épices - qui viennent maintenant de Lisbonne. Désorientation dans la République, acrimonie dans la discussion des raisons de cette situation ; les cinq Italiens, tous marchands, s'excusent : « *La colpa*

4. Ce monde tellement changé.

non é nostra, ma dil mondo mudado. » De l'autre côté de la barrière, Garcia de Resende, témoin « de ce monde qui a tellement changé », souligne une fois de plus que son objectif est de mettre en mémoire les « nouvelles nouveautés » :

> « Et les nouvelles nouveautés,
> singuliers événements
> et changements divers
> de vie et de coutumes,
> tant de débuts et de fins,
> tant de réussites et déboires,
> tant de montées et descentes,
> tant de chemins bons et mauvais,
> tant de faire, de défaire... » (Prologue)

De telles « nouvelles nouveautés » représentent, en partie du moins, un progrès qui assure la supériorité des Modernes sur les Anciens. Le Florentin Andrea Corsali, naviguant avec les Portugais, prit conscience que les navigations mettaient en évidence les erreurs de Ptolémée : « Cette île (Ceylan), Ptolémée ne l'a pas figurée ; je lui trouve d'ailleurs beaucoup de lacunes : il a encore parlé de 12 000 îles près de la côte du Malabar jusqu'à Malacca, à hauteur de l'équateur. Et nous voyons avec les Portugais que sa liste des longitudes est très réduite, insuffisante et erronée [...] Il situe mal Taprobana (Sumatra), comme Votre Seigneurie pourra comprendre en regardant la carte de navigation que dom Miguel da Silva, ambassadeur du roi, apporta à Rome. » Et à la même date, Tomé Pires commence ainsi sa *Suma oriental* : « Et si dans ce devisement (de la somme) certaines choses semblent superflues ou insuffisantes, ou en désaccord avec la cosmologie, Fra Anselmo, Ptolémée et les autres, que cela ne fasse pas figure de nouveauté, car ces derniers ont écrit plus par ouï-dire que par pratique, tandis que nous, nous sommes passés par là, nous avons expérimenté et vu. »

En 1532, João de Barros manifestera dans sa *Ropica pnefma* la même attitude et la même appréciation : « Pour ce qui est de la cosmographie, avec l'importance des mondes que les rois éclairés du Portugal ont découverts, si Ptolémée, Strabon, Pomponius, Pline ou Solin se trouvaient à présent ici, avec leurs trois-feuilles, elle leur ferait honte et confusion en leur montrant que les régions du monde qu'ils n'ont pu atteindre sont plus grandes que les trois parties en lesquelles ils ont divisé ce dernier. Et Ptolémée serait le plus confus, à cause de la graduation de ses tables, car au-delà d'Alexandrie il a peint avec cette licence qu'Horace concède aux peintres et aux poètes. Mais en astronomie il a raison, car il s'exprime en profondeur, et dit comme l'écrivent tous les astronomes qui sont venus après lui. » Un quart de siècle plus tard, Fernando Oliveira écrira dans son *Livro da fabrica das naus* : « Rarement on lit que les Grecs et les Latins aient navigué hors de leur mer Méditerranée, ce dont leurs navires étaient seulement capables ; les nôtres sont à présent capables de traverser tous les océans du monde, ou la plupart d'entre eux. Et nos marins finiront par découvrir ce que les leurs n'ont jamais connu. Et l'on doit davantage louer les nôtres que les Grecs ou les Latins : car ils ont fait davantage pour la navigation en quatre-vingts ans, que les autres durant les deux mille ans de leur règne. »

António Sergio se plaisait à rajouter quelques phrases triomphantes de Duarte Pacheco qui révèlent bien l'orgueil de « vivre détrompés des superstitions et des fables que certains des anciens cosmographes avaient reproduites dans leurs descriptions de la terre et de la mer » et celui de la découverte « car la meilleure part des connaissances de toutes ces régions et de toutes ces provinces nous revient à nous, et nous avons pris leur virginité... et dans ce domaine notre nation de Portugais a précédé tous les Anciens et les Modernes, et à un point tel que nous pouvons affirmer sans crainte que par rapport à nous, ils n'avaient rien découvert du tout ». Et dans certain passage de l'*Esmeraldo*, on entend le cri de jubilation : « On en sait plus maintenant en un jour grâce aux Portugais, qu'on en a appris en cent ans avec les Romains. »

Sergio retrouve chez Garcia de Orta la même conscience de la supériorité des Modernes sur les Anciens.

C'est, dans l'ensemble, l'attitude opposée à celle de l'humanisme de la Renaissance qui voyait dans les réalisations des Grecs et des Romains le modèle à suivre et qui avait tendance à aller puiser essentiellement à cette source d'inspiration : par conséquent, les Anciens, en tant que modèles de l'humanisme, sont forcément supérieurs aux Modernes - même si ces derniers dépassent les « gothiques », c'est-à-dire toute la « barbarie » médiévale s'inspirant des Anciens.

Mais là où cette conscience de la supériorité des Modernes sur les Anciens prend naissance, là où l'on a vu la geste de la Découverte, c'est la rupture avec les cadres médiévaux qui est vécue comme un déchirement. Qu'est-ce que la *Ropica pnefma* de l'intendant de la *Casa da India*, sinon la poignante prise de conscience de la contradiction qui existe entre la nouvelle manière de vivre, la nouvelle échelle des valeurs, la nouvelle société, et les finalités de la religion traditionnelle, la tentative de faire passer dans le nouveau langage (le titre signifie « Marchandise spirituelle ») cette volonté qui consiste à tout subordonner au salut de l'âme ? Barros en arrive à mettre dans la bouche du Temps une attaque en règle contre l'usage des lettres et la Raison ne répond que faiblement à cet antihumanisme. Quatre ans auparavant, on avait représenté l'*Auto da feira* de Gil Vicente : là encore l'analogie tirée de la nouvelle société mercantile est une arme de combat contre cette société : la dureté de la critique contre Rome (« Car tu seras perdue / Si tu ne modifies pas ta conduite » ; « Mais grâce à ton pouvoir fécond / Tu absous tout le monde / Et pourtant tu t'oublies toi-même ») est une réaction de l'esprit médiéval contre la Renaissance, comme le sera encore, quoique sous un autre aspect, l'*Exortação da guerra*, en 1513 (« Ne désirez pas être génois / Mais portugais, ô combien ! », c'est-à-dire : « Gagnez la réputation de brave, pas celle de riche, car elle est dangereuse »). Quelle est la leçon que Garcia de Resende tire des changements spectaculaires du monde ? De la gloire mondaine, il ne retient guère que le souvenir, mais il conservera celui :

> « qui aura jugement et savoir,
> car l'avenir est le passé :
> tout s'achève, sauf aimer
> Dieu de tout son cœur
> et le servir de bon gré ;
> tout le reste n'est que vanité
> et choses qui vont et qui viennent ».

L'instabilité du monde renvoie au désir de salut.

Les « mutations » du monde, quand elles ne conduisent pas à faire directement appel au retour vers la pureté de la foi, déséquilibrent les manières de sentir, et il y a aussi de l'étonnement devant le propre changement intérieur. Sá de Miranda écrit à João Roiz de Sá de Meneses :

> « je vais comme un homme ébahi. »

Et il explique :

> « pleurant tout le passé,
> redoutant tout l'avenir. »

Est-ce parce qu'il redoute l'avenir que Resende veut se convaincre, après avoir avec éloquence démontré le contraire, que l'avenir est le passé ? Écoutons la deuxième églogue de Bernardim Ribeiro, après la première rencontre avec Joana :

> « Aujourd'hui, par étrange hasard
> - je ne sais en quelle heure suis-je ici venu -
> je fus envahi par un souci si grand
> qu'à tous les autres il mit un terme :
> et je ne me reconnais plus moi-même. »

et s'ensuit la confession cruciale :

> « Moi-même je me surprends
> d'avoir en si peu de temps changé. »

Changement subit engendré par l'amour, suivi de la stabilité dans la tristesse, en opposition aux changements des choses :

« Les temps changent les fortunes,
je le sais bien pour les avoir endurés,
et pour ma plus grande affliction,
ils ne purent changer mon infortune.
Et ni les jours ni les ans ne changent
De l'homme triste la tristesse »,

pleure le poète de l'églogue de Crisfal. Le changement intérieur fait que l'on voit la nature transformée, tandis que le changement des choses fait que l'on se sent, de façon contradictoire, toujours le même, et l'incertitude naît de cette contradiction. Lisons le sonnet XX de Sá de Miranda :

« Ô choses toutes vaines et changeantes,
quel est le cœur qui à vous peut se fier ?
Ainsi un jour passe et passe un autre jour,
plus incertains que les navires sous le vent. »

Le paysage, avec la transformation de l'état d'âme, s'est lui aussi transformé :

« Ici j'avais vu des ombrages et des fleurs,
j'avais vu des fruits verts et d'autres mûrs,
dans le chant assourdissant des rossignols.

Maintenant tout est sécheresse et désordre :
moi-même, en changeant, je mets d'autres couleurs.
Et le reste se renouvelle, cela est sans remède. »

À la génération active succédera, entre 1525 et 1530, la génération qu'on peut peut-être qualifier de « romantique », la mélancolie a succédé à la joie, comme Resende semble s'en être aperçu quand il met en évidence ce contraste :

« Nous vîmes rires et amusements,
nous vîmes choses de plaisir,
nous vîmes railleries, épigrammes,
sarcasmes, nous vîmes versifier
des vers qui étaient dignes de lecture. »

« Et puis nous vîmes soucis,
souffrances et déplaisirs,
beaucoup étaient mélancoliques,
beaucoup se plaignaient sans raison »,

transformation qui n'est pas seulement celle de la politique ou de l'ambiance de la cour. Gil Vicente l'exprime de façon encore plus incisive dans le *Triunfo do Inverno* :

> « Au Portugal je vis naguère
> en chaque maison des tambours,
> et des musettes en chaque fenil,
> et depuis vingt ans il n'y a plus
> ni musettes ni musiciens.
> Devant chaque porte une cour,
> dans chaque village dix folies,
> dans chaque maison un tambourin ;
> et c'est maintenant Jérémie
> qui est notre tambourineur. »

Chez le plus triste *ratinho*[5], il y avait de la joie. À présent, si l'on jette un coup d'œil aux chansons,

> « Elles sont toutes à gémir
> leur charge de fatigues. »

Et un peu plus loin, il signale à nouveau le contraste :

> « Penses-tu que le chant
> ne sert que le seul plaisir ?
> et bien je te ferai savoir
> qu'il est plainte pour les tristes. »

À l'incertitude et à l'étonnement, à la nostalgie du passé et à la crainte du futur que la « génération romantique » exprimera de façon si délicate et si subtile, s'oppose, sur l'autre volet du polyptyque que sont les mutations du monde, l'affirmation de la confiance qui finit par produire presque un chant, « la chasse royale » inscrite dans le *Cancioneiro geral*. Avec la conscience de la supériorité du Moderne sur l'Ancien, en parallèle avec Duarte Pacheco, Tomé Pires et d'autres - ni Ptolémée, ni Pline, ni Ulysse n'ont navigué autant ni su autant de choses -, apparaît la conscience de la nouveauté :

---

5. *Ratinho* : homme de la campagne qui part périodiquement vers le sud comme journalier pour les travaux agricoles.

> « Les neuves choses présentes
> sont pour nous si évidentes,
> et nul autre peuple
> ne vit jamais monde semblable. »

Diogo Velho finit pas situer l'âge d'or dans le futur.

> « Tout est déjà découvert,
> le grand lointain nous est proche,
> nos descendants ont déjà pour eux
> le trésor terrestre assuré. »

Vecteurs du changement économico-social

Ce monde qui a tant changé : dans la complexité des facteurs de ce changement, l'action d'un petit peuple de cette péninsule, durant des millénaires aux confins de la terre habitée, où un contraste fondamental oppose la *meseta* - les hauts plateaux désolés de l'intérieur, de climat continental - aux riantes régions périphériques qui s'étendent le long des baies fluviales et bénéficient de l'influence de la mer. N'est-ce pas l'un des thèmes chers à Pierre Vilar, que cette respiration contrastée rythmant l'histoire péninsulaire ? Il faut cependant faire un pas de plus.

Il existe une autre opposition dont il importe de ne pas minimiser la portée : celle des façades méditerranéenne et atlantique - et les voies tracées selon leur appartenance à ces mondes très différents. Entre la Catalogne et Valence, méditerranéennes, et la Biscaye et le Portugal, atlantiques, se trouve le midi luso-espagnol autour du détroit, déchiré entre la mer intérieure et le vaste océan, avec la nostalgie de l'Afrique frontalière... Bergers et cavaliers des sierras et des immenses plateaux ; mineurs et forgerons, pêcheurs et marins des côtes septentrionales ; jardiniers des *huertas* et hommes de la mer du Levant et du Sud ; et il faut encore parler des habitants du littoral extrême-occidental : diversité géographique, diversité culturelle, diversité économico-sociale. Et sur cette couverture bigarrée, le persévérant déploiement des sabots des cavaliers du centre sur l'appétissante périphérie, la montée des marchands et de la civilisation urbaine de l'embouchure des fleuves vers le cœur de la *meseta*, attirés par la laine : facteurs d'unité, à tout le moins d'articulation.

Découpé dans cette couverture, un territoire de 89 000 km², défini pratiquement dès la fin du XIIIe siècle. C'est là que vivent, à l'aube du XVe siècle, près d'un million d'habitants. Des clairières s'entrouvrent dans d'immenses forêts, des oasis animent et parsèment des étendues désolées. Peuple de paysans et de bergers, qui vend à l'étranger ses olives et son vin, son cuir et ses graines de teinture, son liège et ses fruits. Mais peuple aussi du bord de mer, qui se consacre à la production de sel et à la pêche, au trafic maritime jusqu'à Bruges et Londres, d'un côté, jusqu'à la Méditerranée levantine, de l'autre.

En 1527, ils seront un million quatre cent mille, à côté d'une Espagne qui compte sept millions d'habitants - cinq fois plus - quand la population de la France est de quatorze millions, celle de l'Italie de douze et celle de la Grande-Bretagne de quatre, tandis qu'au Maroc vivent plus de six millions de gens, et dans l'empire turc, environ seize millions ; la population de l'Inde est évaluée à cent millions, et il semble que celle de la Chine ne dépasse pas quatre-vingts millions.

1415 : la prise de Ceuta. Un siècle et demi plus tard, les Portugais sont établis à Macau et leurs *kurofunes* - navires noirs - fréquentent les ports japonais ; des *casados*[6] vivent aux Moluques et dans l'île de Timor, au Bengale et au Pegu, tandis que des aventuriers se mettent au service du Grand Mogol. Les moulins à sucre peuplent le littoral brésilien, et les téméraires et incontrôlables *bandeiras*[7] explorent le sertão jusqu'à Potosí et sillonnent l'Amazonie. En Afrique, les

6. *Casados* : Portugais qui fondent un foyer en se mariant avec des indigènes.
7. *Bandeiras* : organisations de pionniers qui explorèrent et conquirent le Brésil.

envoyés du roi de Portugal ont visité les capitales de l'or - Mali et Gao - ; d'autres *bandeiras* remontent le Zambèze jusqu'au Monomotapa, et de la côte angolaise s'enfoncent à la recherche de la Montagne d'argent.

Il y a des couvents portugais à Bassorah et en Perse, et des Portugais accompagnent les Vénitiens et les Arméniens, mêlés aux caravanes qui vont de cette ville du golfe Persique à Tripoli en Syrie et à Alep. Des marchands et des marins portugais voyagent à bord des navires espagnols qui emportent la soie de Manille à Acapulco et en reviennent avec de l'argent. Chaque année, les bancs de morues de Terre-Neuve voient surgir les voiles lusitaniennes, qui, d'un autre côté fréquentent les ports de Biscaye et de France, apportent le sucre à Venise et le poisson à Chios et à Constantinople. Les voiliers portugais transportent les nègres de Guinée et d'Angola jusqu'aux Antilles, d'où ils rapportent de l'or.

Les caravelles avec la croix du Christ signalent les archipels atlantiques, tracent la forme de l'Afrique, révèlent le Brésil et explorent l'Atlantique méridional ainsi qu'une partie du septentrional, relient les océans Atlantique et Indien. Les Portugais réalisent ainsi la synthèse de l'art de la navigation méditerranéenne, de la nautique astronomique, de l'art de naviguer dans l'Atlantique, qu'ils ont eux-mêmes créé, et de la nautique orientale. C'est pourquoi, alors que l'espace atlantique n'a été défini qu'avec une extrême lenteur - un siècle s'écoule entre l'installation à Madère et la découverte du détroit de Magellan, et en 1520-1530 encore, comme nous l'avons vu, les zones d'ombre et les incertitudes sont encore nombreuses -, ce fut avec une rapidité fulgurante que l'on découvrit et que l'on définit (du point de vue européen) l'océan Indien et les mers de Malaisie.

Un seul voyage permit de lier le cap de Bonne-Espérance à la côte occidentale de l'Inde, et de fixer ainsi le tracé de la nouvelle route des épices. Dès la seconde pénétration dans l'océan Indien, Diogo Dias effectuait le premier périple africain, entrant dans la mer Rouge - nous sommes en 1500. Une décennie seulement s'écoule entre l'arrivée à Calicut et l'arrivée à Malacca ; en 1512, les Portugais ont atteint les Moluques et, immédiatement après, font leur apparition en Chine.

Du règne de Jean Ier au milieu du XVIe siècle, le Portugal conquit et conserva plusieurs villes maritimes du Maroc, où il obtint de l'or, du cuivre et des étoffes, et à partir desquelles il s'efforça de dominer les « océans de céréales » et les zones d'élevage du bétail, tout en prétendant s'emparer des marchés du sucre. Plus au sud, les Portugais fréquentent les côtes sahariennes et guinéennes afin d'embarquer de l'or et des esclaves, et bientôt aussi la malaguette et le poivre.

Entre-temps, ses paysans et ses bergers défrichent les îles, y sèment le blé et y élèvent du gros et du menu bétail, introduisent la vigne et la canne à sucre. L'expérience insulaire sera répétée et élargie de l'autre côté de l'océan, tandis que les navires reviennent de Cochin au Tage surchargés de poivre et de cannelle, de coton et de porcelaine. Au-delà du cap de Bonne-Espérance, les Portugais s'incrustent dans tous les trafics de l'océan Indien et de l'Extrême-Orient ; dans les territoires de Goa et sur le littoral du Gujarat, ils arriveront à assujettir les régions agricoles dont la contribution n'est pas négligeable, en attendant le moment de dominer Ceylan.

Durant tout le XVIe siècle, les escadres portugaises détiennent une incontestable hégémonie dans l'océan Indien, et dans les mers malaises jusqu'en 1570 ; l'Atlantique, entre l'Afrique et le Brésil, est sous sa domination. Durant un siècle, les Portugais jouissent du monopole de la route du Cap et du commerce chrétien du Mozambique et de Malacca ; ce n'est qu'à partir de 1565, avec l'établissement de la route d'Acapulco à Manille, qu'il leur faudra affronter la concurrence chrétienne dans les ports de Chine et du Japon, dont ils accaparaient jusque-là les très riches échanges. Le trafic négrier et le commerce maritime de l'or, du poivre à queue, de la malaguette, de l'ivoire soudanais appartenaient, presque sans contestation, de 1440 à 1510-1515, aux caravelles portugaises, et la première moitié du XVIe siècle n'a pas ouvert de brèche trop importante dans ce monopole ; durant le troisième quart du XVIe siècle, les Portugais, conserveront encore la meilleure part.

Quelques dizaines de marchands portugais sont établis à Anvers, il y a un quartier portugais à Séville, un tiers de Buenos Aires est portugaise, l'Inquisition les poursuit à Lima et au Mexique. Des factoreries portugaises ont fonctionné régulièrement en Flandre et à Londres, en Andalousie, à Florence, Naples, Venise, jusqu'à Chios, tout comme à Oran, à Fez et dans diverses villes marocaines, à l'île d'Arguin et dans le Sahara même - à Uadam -, sur les fleuves de Guinée et de la Sierra Leone, à Saint-Georges-de-la-Mine et au Bénin, au Congo, en Angola, au Brésil et dans le Rio de la Plata, elles ont parsemé la côte orientale de l'Afrique, la côte d'Arabie, le golfe Persique, les deux façades de l'Inde, les îles Maldives, Sumatra, à quoi bon continuer ?

Ainsi s'est édifié un empire à l'échelle du globe, océanique, autrement dit, commercial, sans doute, mais aussi foncier et agricole. C'est ainsi que surgirent les chrétientés exotiques ; ainsi que s'est déroulée l'extraordinaire diaspora des Portugais à travers toutes les mers, les îles et les terres fermes. Routes du Portugal et des Portugais, routes du monde : inextricablement mêlées, confondues.

Étant donné ce que nous venons de voir, une telle économie n'est-elle pas capable d'éclairer, sinon même parfois de commander, les pulsations de l'économie mondiale, ou mieux encore, d'une série de « complexes » économiques imbriqués les uns dans les autres, au cours de ces XVe et XVIe siècles ? Et comment la saisir et la comprendre si on ne l'intègre pas dans l'ensemble des complexes universels ? Les voyages océaniques et la dispersion des Portugais à tous les vents, leur fixation outre-mer, plongent leurs racines dans les profondeurs de la vie nationale antérieure, en liaison avec une conjoncture générale longtemps dépressive. Nous ne voulons pas parler d'une quelconque crise, plus ou moins durable, qui aurait existé dans le commerce du Levant - il n'y en eut pas, si ce n'est en tant que simple reflet d'un contexte bien plus vaste - et nous n'associerons pas non plus cette courbe descendante à la progression ottomane, qui n'est en aucune manière responsable de cet état de choses. Un indicateur pour le contexte portugais : les recettes publiques diminuèrent de moitié durant le dernier tiers du XIVe siècle, et la réduction des contributions de la douane de Lisbonne est peut-être encore plus importante.

Si les découvertes et l'expansionnisme en général représentent ces mouvements successifs d'« innovations » (au sens de Schumpeter), ces derniers n'acquirent que très lentement une portée durable. Au moment d'entrer dans le dernier quart du XVe siècle, les ressources dont dispose la couronne sont encore, apparemment, inférieures à ce qu'elles étaient à la fin du XIIIe siècle. Mais l'État, à cette époque aux mains de la noblesse, est très probablement en retard par rapport aux négoces particuliers. D'ailleurs, l'or de Mina va commencer d'affluer, et durant le règne du Prince Parfait (Jean II), les recettes publiques vont doubler : 120 000 cruzados environ, alors que le restant s'élève à peine à 126 688 ; et cette contribution va encore augmenter. Le monarque portugais devient véritablement *« il re di l'oro »*.

Le XVIe siècle s'ouvre sur le succès spectaculaire du tracé, pour la première fois dans l'histoire mondiale, d'une ligne maritime régulière entre l'Europe atlantique et l'Inde. Évaluons, avant d'aller plus loin, cette nouvelle contribution des épices et des drogues par rapport au métal jaune. Selon les années, voici les moyennes annuelles des sommes reçues par les trésoriers généraux (en cruzados) :

	Casa da Mina	**Casa da India**
1476-1481	38 200	
1486-1488	132 955	
1488-1497	180 882	
1507-1514		204 782
1515-1516		334 069
1517-1521		703 368 (30)

Par conséquent, au cours des années 1507-1514, le mouvement de trésorerie générale de la *Casa da India* dépasse déjà celui de la *Casa da Mina* pendant la période que va clore le voyage de Gama. L'année 1515-1516 représente une augmentation de 65 % par rapport à la moyenne précédente, tandis que la période de 1517-1521 fait plus que doubler le mouvement de cette année et se trouve en progression de 250 % par rapport aux années 1507-1514.

Il convient ensuite de considérer attentivement la part qui revient respectivement à l'or et aux épices dans l'ensemble des ressources de l'État (en cruzados) :

	1506	**1518-1519**
Royaume	173 000	245 000
Douanes de Lisbonne	24 000	40 000
Or de Mina	120 000	120 000
Esclaves et poivre de Guinée	11 000	?
Sucre de Madère	27 000	50 000
Açores	2 500	17 500
Iles du Cap-Vert	3 000	?
Bois brésil	5 000	?
Épices asiatiques	135 000	300 000
Factorerie d'Anvers et autres	?	?
Total	plus de 500 500	plus de 772 500

Ainsi, l'or et les épices représentent la moitié de l'argent entré dans les coffres de l'État, alors que ce dernier dispose déjà d'autres revenus coloniaux qui ne sont pas négligeables et de recettes métropolitaines croissantes. La part du métal jaune reste constante, ce qui diminue immédiatement son importance, tandis que la part des épices en vient à dépasser à elle seule le montant des recettes perçues dans la métropole. Le roi de l'or devient le roi du poivre, la splendeur de la route du Cap ternit l'éclat de la « carrière » de Guinée.

En 1537 - aux moments funestes de la menace turque -, l'ambassadeur espagnol souligne très justement que « le commerce de l'Inde est la source de celui qui se pratique ici ». Et le même, six ans plus tard, annonçant la perte d'un navire, commente : « Ces affaires de l'Inde sont ici de la plus grande importance. » Encore plus tard, en 1581, le marquis de Santa Cruz ne sera pas moins péremptoire : « ...les affaires et commerce de l'Inde, nous devons les prendre avec la plus extrême considération, car si elles venaient à manquer, le royaume souffrirait une grande perte ».

Si le commerce des Indes représente le socle sur lequel repose l'économie impériale, l'« épice » représente de son côté l'essentiel de la conservation de l'État luso-indien, car il n'est pas possible de maintenir les armes sans le commerce, dans ce cas précis sans le profit tiré du trafic des épices. Barros, chroniqueur qui se situe du point de vue de la croisade, était bien placé, en tant qu'intendant de la *Casa da India*, pour avoir pleine conscience de cela. Comme dom Duarte de Meneses se reposait sur l'administrateur des Finances du négoce du poivre, en 1587, le gouvernement de Lisbonne rappelle avec dureté au vice-roi : « C'est l'une des principales obligations des vice-rois, le poivre étant la substance de l'Inde... » Répétons cette phrase pour mieux la retenir : le poivre est la substance de l'Inde portugaise. En 1608, Lisbonne attirait de nouveau l'attention de Goa, « étant donné que le poivre est la chose la plus importante qui nous vienne de là-bas ».

Mais les temps changeaient rapidement. En 1557, Sassetti pouvait encore estimer « qu'il ne serait pas impossible que nous (les Toscans) vivions sans la marchandise qui vient du Levant : car en ce qui concerne les épices du Portugal, il en vient une quantité plus grande encore ». Or, en 1606, un navire marseillais débarque à Lisbonne de l'indigo, de la noix de muscade et de l'encens, que la cité provençale avait reçus des escales du Levant. On devine sans peine l'émotion que cela provoqua dans les milieux gouvernementaux : le 20 novembre, un décret fut promulgué qui réservait l'entrée du Portugal aux seules drogues transportées sur les navires portugais en provenance de l'Inde. Au début du second quart du XVIIe siècle, les quantités de poivre arrivées ne suffisent déjà plus à payer les dépenses consignées dans leurs ventes ; plus grave encore : en 1627, le prix de vente cesse de couvrir le coût. Ce sont à présent les droits sur le sucre qui représentent plus de la moitié des recettes de la douane de Lisbonne. Le sucre a remplacé le poivre, la route du Brésil relègue dans l'ombre la route du Cap, l'empire, d'oriental, devient atlantique.

En somme : l'or, le poivre, le sucre - en attendant le XVIIIe siècle où le premier sera remis à l'honneur - représentent successivement les fondements de l'État portugais, monarchie mercantile monopolisatrice. Toutefois, ce double schéma des « cycles » caractérisés par un produit dominant et par le monopole de l'État-marchand ne peut servir que de première et d'assez grossière approximation. Toujours et partout, c'est le bouillonnement des initiatives, le pullulement des agents économiques qui font l'expansion et édifient l'empire.

Voyons ce qui se passe au Maroc : les Portugais s'installent aux terminus des caravanes de l'or, prétendent contrôler les champs de céréales et s'approprier le bétail ; mais ils visent également les marchés du sucre et de l'indigo, et depuis leurs bases marocaines interceptent avec profit la prospère navigation musulmane, jusqu'à sa destruction. À Madère et aux Açores, ils défrichent les terres où ils plantent des céréales et de la vigne ; ils cultivent la canne à sucre pour alimenter les moulins, font paître les petits troupeaux et le gros bétail - qu'ils laissent souvent se reproduire librement -, cueillent le pastel nécessaire aux teintures et abattent les arbres pour la construction navale et la menuiserie. Aux Canaries, n'arrivant pas à s'installer, ils attaquent les populations et chargent leurs navires de captifs ; ils se fournissent également en produits de teinturerie, en peaux de phoques, ainsi qu'en coquillages qu'ils échangent sur les fleuves de Guinée contre la précieuse poussière d'or, le *tibar*. Ils peuvent acquérir ce dernier également grâce aux hambels de Safi et au blé de Madère, ou encore en échange d'ustensiles en cuivre fabriqués à Nuremberg.

Les attaques contre le littoral guinéen et aux Canaries leur fournissent des esclaves pour les plantations et les moulins à sucre, ainsi que pour toutes sortes de besognes - agricoles, industrielles, domestiques -, et, pour obtenir des métaux précieux, ils les vendent très souvent à des étrangers ; il est cependant fréquent de devoir payer l'esclave et de régler l'achat avec des chevaux ou les marchandises qui servent à acquérir l'or. En même temps, les pêcheurs portugais fréquentent les eaux marocaines, vont pêcher dans le *Rio do Ouro* et s'avancent jusqu'aux eaux d'Arguin du côté africain, et de l'autre jusqu'aux bancs de morues de Terre-Neuve. Il n'y a pas de doute : à chaque époque, l'économie est un complexe, ou même un ensemble de complexes géographiquement et chronologiquement définis, et c'est la structure de chaque complexe qu'il nous faut débrouiller.

Le retour à la frappe de l'or, en 1435, et le lancement du cruzado, en 1457, signalent les débuts de la reprise générale, liée à l'« innovation » de la caravelle. À partir de 1455 environ, l'expansion vise un autre objectif : les épices africaines, inscrites sur les cartes sous le toponyme côte de la Malaguette. Il faudra pourtant attendre l'or de Mina pour que le développement s'affermisse et se généralise : grâce à ce développement puissant et vaste, les émissions d'espèces blanches fondées sur les progrès de l'exploitation des mines en Europe centrale et orientale sont stabilisées (1489). D'où un nouvel élargissement des finalités : les épices asiatiques convoitées dès les années 1480 ; pour atteindre ce nouveau but, l'élaboration de l'art nautique basé sur l'astronomie met à la disposition du commerce portugais des moyens efficaces.

Profitant de la désorientation de Venise et de la Méditerranée levantine, et contribuant à prolonger son déclin durant au moins un tiers de siècle, le Portugal établit la route du Cap et devient le marché de distribution pour les épices, les drogues et en particulier le poivre, pour l'Europe et le Maghreb. Or, conformément à ce que Piero Zen et Toma Mocegino écrivaient de Constantinople en juillet-août 1530 : « L'argent va là où se trouve le poivre, et comme le Portugal a le poivre, les Allemands vont le chercher à Lisbonne. » Les commerçants génois n'obtiennent-ils pas, le 13 février 1503, l'exemption de tous les droits et taxes quant au métal blanc qu'ils ont rapporté du Portugal ? Cependant, la nouvelle route du Cap freine la saignée de métaux précieux qui anémiait précédemment l'Europe, et ceci en vertu du jeu des lettres de change.

Dès la crise de 1521-1523, l'or de Mina se met à reculer, mais le Portugal réussit à s'emparer de l'or des Antilles, puis de celui du Mexique et du Pérou. Au fur et à mesure que l'argent du Nouveau Monde commence à affluer et que ses réserves augmentent, la *Casa da Moeda* (Monnaie) de Lisbonne, paradoxalement (à première vue du moins) abandonne la frappe de métal blanc - il est vrai que l'exploitation minière en Europe centrale et orientale commence à diminuer et manque de disparaître - et développe à la place les émissions de métal jaune. L'exportation des Noirs vers l'Amérique espagnole, la contrebande aux Açores et sur la côte portugaise éclairent ce paradoxe apparent.

La fermeture du comptoir royal d'Anvers, en 1549, consacre l'inversion des courants monétaires. Les *reales* espagnoles se déversent dans tout l'Orient par la route du Cap ; grâce à eux, le commerce de la Chine - porcelaines, soies et tissus de soie, or, mobilier de prix - devient plus important que les autres trafics et conduit à fréquenter le Japon, plaque tournante de la soie, fournisseur d'argent. La force d'aspiration de cette authentique pompe aspirante qu'est la Chine par rapport au métal blanc, d'un côté, et le développement des Indes de la Castille, de l'autre, sont à l'origine de la route d'Acapulco et de Manille, qui suscitera l'hostilité de Goa et de Lisbonne et les rapprochera de Séville, également lésée.

Mais dès les premières années de leur arrivée dans l'océan Indien, les Portugais ne se limitent pas à la route du Cap, ils entrent sans hésiter dans tous les circuits marchands des Indes orientales, et s'avancent rapidement jusqu'aux marchés de production des épices chères, où ils s'installent. L'empire n'est pas qu'un chapelet de forteresses et de comptoirs, unis par le va-et-vient des caravelles et autres navires, des sampans et des jonques. L'empire, ce sont aussi, et peut-être surtout, les *casados* qui s'adaptent très fréquemment à la vie indigène, ce sont les îles peuplées et valorisées, c'est le protectorat sur les riches régions agricoles dont les villages sont « donnés » aux Portugais, ce sont les plantations et les moulins à sucre et les plantations de tabac du Brésil ; et ce sont les *lançados*, ces aventuriers des trois continents qui échappent aux cadres politiques. En 1638, le gouverneur Van Diemen écrit à la Compagnie hollandaise des Indes orientales : « La plupart des colons portugais considèrent l'Inde comme leur patrie, et oublient le Portugal. Ils font peu ou pas du tout de commerce avec le Portugal, et s'enrichissent eux-mêmes avec les trésors de l'Inde, comme s'ils étaient natifs de ces lieux, et n'avaient connu d'autre patrie ».

Notons toutefois que l'anémie de leurs activités mercantiles ne deviendra caractéristique qu'au moment d'entrer dans le XVIIe siècle, et il y aurait encore beaucoup à dire à ce sujet.

Motivations et attitudes : types socio-culturels

Grâce à ce processus, de nombreux foyers de peuplement dispersés aux quatre vents, marqués par des intérêts régionaux, souvent en conflit avec les intérêts du centre de l'empire et de ses branches maîtresses, se sont formés. Les lignes de démarcation sont d'ailleurs floues et fluctuantes. Entre, d'un côté, la création et le développement de foyers luso-indigènes intégrés à l'empire, et, de l'autre, les fantastiques déambulations des *lançados*, et des renégats assimilés dans certains cas par les sociétés indigènes, et dans d'autres cas formant les racines de noyaux qui finiront par s'intégrer à l'empire. L'esprit nomade et aventurier du *lançado* ; l'esprit sédentaire et d'enracinement du *casado* : ce contraste ne coïncide pas avec l'opposition entre la quête du profit commercial, d'un côté, et, de l'autre, l'intérêt pour les rentes foncières et la préférence donnée aux bénéfices tirés de la terre. Comptoir, plantation, installation seigneuriale ; marchand, navigateur, colon : ou bien tous ces gens travaillent à la même fin ou bien ils s'affrontent, et à l'autre extrémité, nous trouvons la forteresse, base de coups de main et de rapines - avec le chevalier qui s'enrichit ainsi sous les armes - et bureau de contrôle douanier, les Portugais devenant alors « agents des douanes ». Le capitaine-général de Ceylan nota cette polarisation lorsqu'en 1633 il écrivit au vice-roi de l'Inde : « Je vais dans l'île écouter les raisons qu'ont les pauvres indigènes de se plaindre de nos Portugais, car je suis persuadé que le fondement de la conquête doit être la Justice et la Raison, car il est inutile d'assujettir les corps par les armes, si les âmes des natifs restent étrangères à notre bienveillance. »

Lors de la prise de Goa, Giovanni d'Empoli est fait chevalier. Voici son commentaire : « J'accepte plus ce titre pour le privilège que pour le bien qu'il m'apporte ; parce que les marchands et les cavaliers sont gens bien différents : encore qu'en y regardant bien, vu ce que l'on peut faire des choses gouvernées ici, il vaut mieux être chevalier que marchand. » Le marchand s'élève socialement et juridiquement par la chevalerie, et la même possibilité est offerte au fonctionnaire - nous voyons, dans la carrière des cadres administratifs des Finances, certains individus être faits premiers écuyers, puis, s'ils occupent des charges plus élevées, chevaliers, pour ne rien dire des intendants, très souvent nobles. Or les *Ordonnances alphonsines* avaient stipulé que l'homme qui s'occupe de « marchandises » ne pouvait être fait chevalier (et le roi dom Duarte avait sévèrement blâmé les « défenseurs » qui veulent avoir tous les avantages et tous les privilèges de leur situation » et qui, « oubliant la manière honorable de vivre, se lancent dans les labours ou s'occupent des marchandises »).

De la première moitié du XIVe siècle à l'aube du XVe siècle, les temps avaient donc bien changé. À présent, comme le révèle sans illusions Garcia de Resende dans son *Cancionero* :

> « Tous veulent faire montre
> de posséder biens et richesses :
> être gens d'honneur, et chevalier,
> il n'est plus personne pour le vouloir. »

Mais la confession du marchand Empoli permet de mieux comprendre cette attitude : on veut le mode de vie des marchands sans renoncer aux privilèges, juridiques ou autres, offerts par la chevalerie, et si cette dernière cherche à se confondre avec lui, la mentalité chevaleresque n'a pas disparu, mais elle a besoin d'une motivation et se laisse pénétrer par des idées qui lui sont contraires. En réalité, cette mentalité est à ce point décalée par rapport aux nouvelles situations qu'elle gêne la conduite même de la guerre ; or la guerre était la définition même de la fonction des chevaliers - des « défenseurs » comme disait dom Duarte, des *bellatores* (ceux qui combattent) en opposition aux *oratores* (ceux qui prient) et aux *laboratores* (ceux qui travaillent).

Ainsi en 1514, dom João de Meneses écrit d'Azamor au roi : « Les *fidalgos* (gentilhommes) et autres gens d'honneur, bien qu'ils soient fort utiles certains jours, ne le sont plus durant tous les autres qui ne demandent ni le combat ni la bataille, car si deux des leurs oublient toute vergogne et s'en veulent aller, tous l'oublient, et de par leur éducation ils sont moins habitués à obéir que les autres hommes, et ne veulent ni ne peuvent souffrir la moindre nécessité. » Et le capitaine de la place marocaine rappelle au roi Manuel Ier : « Combien de fois vous ai-je demandé et conseillé de ne pas employer plus de gentilshommes dans les guerres que vous n'avez de charges à leur confier. Je ne dis pas cela pour les hommes de votre compagnie, s'ils sont gentilhommes, mais pour ceux qui, dès qu'ils commandent à plus de quatre, fomentent des alliances pour assaillir les autres là où ils sont eux-mêmes assaillis. »

Contradiction entre l'ancienne mentalité et les nouvelles

fonctions dans une situation modifée : la même chose se passe avec le personnel de l'administration. Au cours de cette même année 1514 - la coïncidence n'est pas fortuite -, Albuquerque écrit de Goa au roi : « Je vois vos comptoirs et vos factoreries aux mains des courtisans. Attachez-vous, Seigneur, aux marchands qui ont l'intelligence et le savoir, et vous aurez plus de trésors aux Indes que vous n'en avez au Portugal. » Et il explique à Duarte Galvão : « Tous les biens de l'Inde sont en train d'être perdus, car le Roi veut avoir des facteurs et des employés qui ne savent pas compter jusqu'à dix réaux, qui ignorent ce que sont les affaires et qui ne savent pas expédier les marchandises là où elles pourront donner du profit. » Et il ajoute un peu plus loin : « J'ai écrit au Roi de croire davantage à l'entreprise de Bartolomeu (le grand capitaliste florentin Bartolomeu Marchione) aidé du seul Lionardo, qu'en toutes les factoreries et facteurs qui se trouvent en Inde. » « Les affaires du Roi ne vont pas bien pour l'unique raison qu'il n'a pas de marchands rusés, aimant le commerce et son savoir. »

Notons encore que les deux points de vue, en fin de compte convergents, que nous venons de produire sont signés par deux nobles, mais tous deux traduisent au fond cette conscience du changement social qui exige une nouvelle préparation et une nouvelle attitude de la part des hommes, une nouvelle manière de procéder - et ils pensaient que la chose pouvait se faire au profit de l'ancienne hiérarchie. Le problème ne va rien perdre de son acuité, et, parce qu'il est posé de façon contradictoire, il ne sera pas résolu. En 1532 encore, l'administrateur des Finances, qui est un noble, dom Martinho de Castelo Branco, écrit de Malaga : « Je vous demande de réfléchir à ceci : ne vaudrait-il pas mieux que les factoreries du Roi soient dirigées par les mains des marchands, plutôt que par les féaux de S.A., car les marchands maintiennent les marchandises sous leur autorité, même s'ils volent, alors que les autres ne s'intéressent qu'à l'argent. »

La pièce dramatique de Gil Vicente *Exortação da guerra*,

en 1513, est un vibrant hommage à la chevalerie et un rude coup porté au commerce, car il exprime l'inquiétude devant la mercantilisation de la vie sociale portugaise. Dès l'année suivante, les lettres de dom João de Meneses et d'Albuquerque nous révèlent une valorisation différente. Le changement, presque explosif, était en train de se faire. Quelques années plus tôt, bien peu (1504-1506), le Vénitien Cá Masser s'était senti, à Lisbonne, en présence d'une civilisation pré- et anti-mercantile : « En ce qui concerne les affaires de marchandises en cette ville, très peu en est négociée, ils les méprisent car elles leur semblent inciviles et basses : néanmoins ils manquent presque tous d'argent ; même les grands de ce royaume, même ceux qui ont de grosses rentes, ne disposent pas d'un ducat car ils dépendent tous des recettes de ce Roi, et dépensent sans limites. Il n'y a pas d'affaires où l'on puisse épargner le moindre ducat. » Mais le Vénitien ajoute qu'avec la navigation de l'Inde, vingt maisons se sont déjà enrichies.

Cá Masser, avec sa mentalité mercantile de sujet de la Sérénissime République, notait qu'au Portugal on dépensait trop et vivait au-dessus de ses moyens - trait caractéristique de la mentalité chevaleresque. Un commentaire de Bernardo Rodrigues nous le montrera : le comte donne, en récompense d'un fait d'armes, dix testons à Diogo Botelho (récompense importante, notons-le) que ce dernier dépense largement, et bien davantage, dans un banquet qu'il offre à son capitaine d'infanterie et à ses compagnons d'armes : « C'est qu'en ce temps-là, il était déjà tellement honoré et estimé, qu'il dépensait sans compter, sans en attendre aucun remerciement. » Mais déjà la critique « bourgeoise » se faisait entendre et nous en trouvons un écho chez Resende :

> « Si quelqu'un dépense comme il sied,
> on veut aussitôt en profiter
> en prétendant qu'il veut outrepasser
> ce que permettent ses rentes. »

L'épargne est en effet la vertu bourgeoise par excellence - épargne qui, investie dans la production de nouveaux biens, permettait de prévoir l'avenir. Une loi du roi Sébastien traduit en partie ce nouvel esprit : « Tout individu, quel que soit son état et sa qualité, ne peut dépenser plus qu'il n'a de rentes » mais doit « travailler beaucoup pour dépenser moins que ses revenus ». Mais cette loi révèle que le pas suivant n'a pas été franchi - épargner pour investir -, car il est stipulé : « Ce qui restera doit être employé en argent non ouvragé ou à l'achat de biens fonciers, et non en autres choses inutiles. » Il manque, par conséquent, le second volet du diptyque : l'état d'esprit qui permet de risquer l'argent épargné pour augmenter les biens disponibles. Dans une poésie du *Cancionero*, on constate déjà cette limitation : João Fogaça conseille le commandeur d'Alzejur sur la manière de dépenser sa rente :

> « Car selon ce qui est dit ici
> et j'en ai eu ouï dire,
> en acquérant des biens sans racine [non fonciers]
> on ne peut rien fonder. »

Pour l'ordre traditionnel, seule la richesse foncière permet d'asseoir sa durée, battue en brèche par le développement de la chrématistique, la quête de la richesse mobilière considérée comme une fin en soi.

Au fil du temps, l'antagonisme ne faiblit pas entre l'attitude et le système idéologique anticommercial et, d'autre part, la recherche du profit et l'effort de création de biens matériels. La manière traditionaliste de sentir et de voir les choses, soit revêt à présent la forme du prosélytisme religieux, soit se manifeste sous la forme de la chevalerie, pour laquelle seule compte l'appropriation par les armes, soit, alliant ces deux formes, pousse à la « croisade » ; mais elles sont toutes trois chaque fois plus contaminées par des valeurs et des motivations contre lesquelles elles se battent avec acharnement, dénonçant la cupidité des cercles marchands et producteurs, et prétendant expliquer, à travers elle, tous les maux.

À la question de Fernão Brandão, pour connaître les motifs qui l'avaient poussé à son premier voyage outre-mer, João Roiz de Sá répond :

> « car je pars, seigneur, armé
> du souvenir du passé
> qui de mon nom fit
> un nom estimé.
> C'est aussi la crainte de la vilenie,
> et des préjudices portés à la beauté
> par les vicissitudes de la vie,
> qui firent accroître ma volonté,
> laquelle ne prise en toute chose
> que la forteresse catholique ».

Mais Duarte de Gama constatait déjà que celui

> « qui va au-delà de l'embouchure
> ne s'en va point pour une noble tâche,
> mais pour échapper à la pauvreté
> et jeter son ancre
> et ses amarres dedans la richesse. »

Et Garcia de Resende n'était pas moins affirmatif ni général :

> « Tous veulent faire montre
> de posséder biens et richesses. »

En 1514, l'alcade maure Cide Ziao, blessé et fait prisonnier, refuse le vin que les Portugais lui offraient, et Bernardo Rodrigues de commenter : « Voilà un exemple pour tout fidèle chrétien qui, pour le moindre bout de tissu ou par intérêt, est capable d'opérer mille changements dans sa conscience et dans son âme. » En Inde, Albuquerque constatait que « la cupidité désordonnée qui règne entre nous fait que pour la moindre piécette, on peut faire faire à un homme tout ce qu'on veut » et, constatant que l'on abandonne toutes les obligations pour ce profit personnel, il a cette stupéfiante image : « Les gens de l'Inde ont la conscience un peu épaisse, et quand ils volent, ils croient aller en pèlerinage à Jérusalem. » Dom João de Castro n'aura pas davantage d'illusions, écrivant, en 1538, du Mozambique : « Et comment vouloir qu'un homme fasse autre chose, ait d'autre but que de s'occuper de son profit... » Commentant l'embarquement des jésuites en 1555, l'infant dom Luís n'est pas moins incisif : « Je ne me souviens pas d'avoir vu partir pour l'Inde douze hommes dont on pourrait supposer qu'ils partaient sans cupidité aucune, ce que de ces derniers je présume. »

Du Brésil aux Moluques, les religieux réprimandent sévèrement tous les laïcs portugais ou luso-indigènes, à cause de leur polygamie et de leur âpreté au gain. S'opposant au marchand et au colon, le prêtre souhaiterait se servir du chevalier pour édifier un empire qui coïnciderait avec la nouvelle chrétienté, mais il doit fréquemment, pour les mêmes raisons, le fustiger comme les autres et il prendra garde à ne pas entrer en conflit sur ce sujet avec l'Empire. Voici comment, en 1555 au Mozambique, un jésuite se lamente de voir « la perdition de cette terre, et dans quel oubli de Dieu Notre Seigneur, on adore ici l'or et l'argent, et comme on ferme la porte de la conversion aux infidèles ». À Coulão, un autre constate amèrement que « les Portugais qui viennent ici ne le font que pour s'enrichir par n'importe quels moyens » tandis qu'à Malacca, un troisième maudit Mamon, « lequel est sur cette terre l'idole la mieux servie de toutes ».

Saint François-Xavier, quittant cette grande place, secoua ses vêtements et ses sandales, afin de ne rien emporter, pas même la poussière de ce temple maudit de la richesse. L'archevêque Frei Bartolomeu dos Martires, avec tout ce courant idéologique et social, pensera que « là où il y avait affluence de marchandises et de marchands, la racine de tous les maux, à savoir la convoitise, ne devait pas manquer, car son travail est de faire en sorte que tout homme désire et cherche à améliorer sa condition, même aux dépens de son frère, par l'achat, la vente, les paiements, les délais, les compagnies, les correspondances, les droits et les contributions, les entrées et les sorties de douanes, et, enfin, par toutes sortes de négoces et de contrats ».

Et pourtant... Les jésuites eux-mêmes n'ont-ils pas joué un grand rôle dans le trafic de la soie au Japon, ainsi que Boxer et Bourdon l'ont démontré ? N'est-on pas allé jusqu'à envisager la création d'une Compagnie de Jésus temporelle, laquelle aurait eu le monopole du trafic des épices et celui des métaux précieux ? Les ecclésiastiques de Malacca nous apparaissent fréquemment liés à des histoires de contrebande et mêlés à toutes sortes d'activités commerciales. Sur un autre plan, Monclaro pensait que grâce au commerce des *machiras* (tissus), on aurait pu convertir un grand nombre d'âmes en Afrique orientale, « comme nous avons vu Notre Seigneur ouvrir le commerce vers l'Inde, pour y répandre sa sainte foi ».

Les laïcs, les marchands, et surtout les responsables des Finances n'ont de cesse de passer à l'offensive. Le gouverneur dom João de Castro, qui n'y connaissait rien en matière de finances, sera discrètement censuré pour avoir fait confiance aux prêtres et aux moines pour un problème monétaire. De Goa, en 1553, Francisco Palha s'épanche auprès du roi : « Cette terre a besoin qu'on dise la vérité » et il recommande fortement : « Non, Seigneur, ne vous fiez pas à la pourvoir de confréries et de reliques, car il y en eut beaucoup à Rhodes, à Belgrade et en Espagne, et en bien des lieux de la Chrétienté, qui se perdirent à cause de notre négligence et de nos péchés. » Et allant droit à l'essentiel « parce que cette terre ne peut être maintenue sans argent, j'indiquerai comment s'en procurer, pour soutenir la guerre, car ce sont les deux piliers auxquels cette terre est attachée ». Le gouverneur Lopo Vaz de Sampaio reconnaissait lui-même l'importance du commerce et de la classe marchande comme soutien de la société, louant « les marchands parce qu'ils sont les individus qui ennoblissent le plus la terre ».

L'expansion va se poursuivre sous l'égide de la croisade, mais cette dernière ne se reconnaissait ni dans la société ni dans la civilisation qu'elle avait contribué à produire. C'est que la guerre pose à présent d'autres exigences. Les chevaliers eux-mêmes ne se faisaient déjà plus à ses nouvelles formes : nous avons vu la position péremptoire du capitaine d'Azamor à ce sujet, et celle du comte de Borba, à Arzila, n'était pas différente, car il ne les laissait jamais s'éloigner de lui, ni se rendre quelque part où il n'allait pas lui-même, car « la majeure partie des désordres sont dus aux chevaliers, qui, toujours désireux de gloire, ne respectent pas l'ordre, pas même celui de leurs capitaines ». Au Maroc, l'esprit de rapine, le désir de s'enrichir par les armes en attaquant les villages et en s'emparant du bétail des Maures, se trouve en contradiction constante avec les directives visant à l'installation et à l'exploitation commerciale pacifique.

C'est pour cette raison que l'apothicaire et facteur Tomé Pires affirme, en 1512-1515, que la « guerre est contraire à la marchandise » *(Suma oriental)*, et en 1532, l'intendant des Finances dom Martinho, bien que noble, a cette formule incisive : « Marchander et guerroyer sont plus opposés que les pôles nord et sud. » António Real se prononce en 1514 : « Mon conseil serait que le Roi, notre maître, fasse du commerce en Inde et ne s'occupe point de guerre. » Mais la guerre fut souvent un instrument au service du commerce, et elle ne peut en être dissociée, pas plus que la croisade elle-même. Déjà le prudent roi dom Duarte jugeait que ce n'était point pécher que de convoiter les biens des infidèles durant la guerre. De la conquête du royaume de Fez, et des nouveaux commerces qu'elle va leur ouvrir, le roi Sébastien attend de substantiels bénéfices pour ses vassaux. Plus encore. La guerre dépend des ressources de l'État, et ces dernières, de la prospérité commerciale. Comme l'écrit en 1514, Nuno Fernandes de Ataíde, de Safim : « Avec de l'argent en suffisance on fait de grandes œuvres et on commande des hommes sans peur et sans honte ; mais dans la nécessité ils refusent d'être commandés. » Plus explicite encore, Paulo Dias de Novais en 1584 : « Tout le monde sait bien que la richesse est l'âme de tous les négoces, surtout de celui de la guerre. » Mais Albuquerque avait déjà dit la même chose en 1513 : « Sans biens on ne pourra mener la guerre. » Et João de Barros démasquera toutes les intrigues dans sa *Ropica pnefma* de 1532 : « La majeure partie des princes de l'Église et des séculiers sont davantage gouvernés par les préceptes de la volonté que par la raison, parce qu'ils se rendent compte que l'État ne tient que par le pouvoir, le pouvoir par l'argent, et l'argent par le commerce et le commerce par la convoitise, qui est la source perpétuelle d'où proviennent tous les biens. »

La logique même de l'expansionnisme, les oppositions et les accords subtils entre le commerce et la guerre ont mercantilisé l'État, sans lui donner la plénitude de l'organisation commerciale. Manuel Ier presse Albuquerque de s'employer particulièrement à augmenter les bénéfices des finances royales afin d'accroître la richesse de ces dernières, et aux yeux des observateurs, c'est l'image du roi-marchand qui, au XVIe siècle, se détache nettement. Ainsi, en 1527, Robert Thorne écrit de Séville à l'ambassadeur anglais auprès de Charles V : « En ce qui concerne ce que Votre Seigneurie a écrit pour savoir si [la navigation et le commerce des épiceries] pourraient être profitables à l'empereur ou non, je réponds que cela peut être sans aucun doute de grand profit, à condition qu'il devienne marchand comme le roi du Portugal, fournisse des navires et leur équipement, puis trafique là-bas tout seul et défende par lui-même le commerce de ces îles. »

L'ambassadeur Nicot explique pour la France, en 1559, que « comme je voy quilz [les autorités portugaises] negocient les affaires d'estat en marchans, je ne puis faillir d'user en leur endroict des regles des marchans. » Quand Charles V presse le roi du Portugal d'interdire aux Français de fréquenter ses ports, l'infant don Luís allègue devant Luís Sarmíento, en 1537, les pertes et les préjudices pour ses sujets de « rompre la contratation, car elle est la principale source de profit du royaume, lequel ne peut se maintenir que par le commerce des épiceries ».

Veut-on la représentation visuelle de cette nouvelle structuration de l'État - qui est, en fin de compte, l'apparition de l'État moderne ? Chaque livre des *Ordonnances manuélines*, dans l'édition de 1514, ouvre sur une gravure qui symbolise et résume son contenu. Sur la première, c'est la présentation des livres au Roi, dans sa fonction de législateur, par conséquent entouré de lettrés et d'hommes d'armes. Dans la seconde, près du souverain se trouvent les ecclésiastiques, mais à droite et en bas, on voit les navires dans le port, un pêcheur à la ligne, un paysan labourant la terre avec l'araire, un autre qui creuse, un troisième qui part à la chasse. La troisième représente une audience royale : la présentation des pétitions, ce qui explique qu'il y ait beaucoup de gens différents, en plus, évidemment, des greffiers et des hommes d'armes. Sur la quatrième gravure on voit le roi, accompagné de ses greffiers, avec les marchands. Sur la cinquième et dernière gravure, le monarque empoigne l'épée - symbole de justice - et, entouré par les juges et les greffiers, juge les criminels - on aperçoit des chaînes.

Sur cet authentique polyptyque à cinq volets, qu'il convient d'embrasser tout entier du regard, figurent tous les ordres et toutes les classes sociales : les chevaliers ; le clergé ; les lettrés, les juges et les officiels, c'est-à-dire les cadres de l'administration ; la classe marchande ; le peuple producteur - l'agriculteur, le chasseur, le pêcheur, le navigateur. Sur les cinq volets, le roi est sur le trône, il exerce donc les fonctions qui définissent la *res publica* : et cela consiste à légiférer, réparer un tort et accorder sa grâce, juger, mais aussi - comment comprendre autrement les deuxième et quatrième gravures ? - diriger toute la vie économique dans la pluralité de ses aspects et de ses branches, en mettant malgré tout le commerce au premier plan - puisqu'il lui est accordé l'honneur de toute une gravure, alors que l'agriculture, la chasse, la pêche, la navigation elle-même n'apparaissent qu'en toile de fond. Il faut noter que nulle part le monarque n'apparaît dans sa fonction militaire entouré de ses seuls guerriers : la guerre a été reléguée au profit du commerce, dans l'esprit de ceux qui l'incarnaient, et dans celui du graveur qui a représenté l'État des *Ordonnances* du XVIe siècle.

Si l'on regarde maintenant une enluminure du XVe siècle, dans la *Crónica geral de Espanha* de 1344, c'est encore la société traditionnelle qui se déroule devant nos yeux : au f.155

on voit toute une superbe bordure et des entrecolonnes où figurent un évêque, un roi, des chevaliers, des bergers et autres hommes du peuple, des maisons, un bœuf ; ce sont, venus du passé, les trois ordres des *oratores, bellatores* et *laboratores*, c'est la vieille économie agropastorale.

Une telle comparaison nous montre le changement. Changement à travers lequel la vieille société se maintient et auquel elle résiste, en interférant, en se nuançant, et, en fin de compte en se transformant. Jeu complexe, contradictoire qui ne s'achève jamais. À l'aube du XVIe siècle, les hommes s'aperçoivent des transformations, et, soit la vision du prochain « trésor terrestre » les fait exulter, soit ils maudissent ces transformations, ou à tout le moins les regrettent. Quelle violente objurgation inspirée par la nostalgie que celle de Gregório Afonso, l'intendant de l'évêque d'Évora ! Il abhorre l'argent et les trésors cachés, mais aussi la richesse mal employée et les gens cupides ; il s'insurge contre la crise qui affecte la classe des chevaliers et tous ceux qui ne se contentent pas de leurs rentes : « Honnis soient ceux dont le revenu est moindre que les dépenses » ; il attaque la propension à la dépense qui excède les biens : « Honni soit celui qui en trois paiements pait ce qu'il doit » ; il n'accepte pas plus les conséquences sociales du nouvel ordre économique :

> « Honnie soit la gente dame
> éprise d'un vil roturier »

et

> « Honnis soient les vilains
> placés en quelques honneurs. »
> *(Cancionero geral)*

c'est-à-dire qu'il attaque la promotion sociale d'une nouvelle classe. N'est-ce pas d'ailleurs le thème fondamental du poème d'Álvaro de Brito - refus de l'égalisation des conditions et des possibilités matérielles offertes par le nouvel ordre économique ?

> « Par habillements outranciers
> par lesquels tous sont égaux,
> se confondent
> les trois états[8] pervertis
> et les artisans dans leurs us
> bousculés.
> Nous ne devons être semblables
> que pour aimer Dieu
> et le servir ;
> ne soyons pas tous réunis,
> habillés et chaussés
> en même richesse. »

Le bas peuple prévaut, les nobles n'ont pas d'argent, on méprise la chevalerie, plus personne ne se contente de sa condition, et le passé est idéalisé :

> « Au temps jadis,
> tous voulaient vivre
> honnêtement,
> avec ordre et mesure,
> et chacun en son rang
> était content. »

L'homme se sent désemparé, devient instable, alors qu'autrefois

> « Toutes les opinions
> des hommes étaient
> fondées sur la certitude... »

Maintenant

> « elles ne sont plus judicieuses,
> et ils ne supportent aucun état
> sinon celui d'être riches ».

Or, comme un écho plus précis, on trouve dans l'Églogue de Crisfal ceci :

> « Et de même dans la bassesse
> du sang et de la pensée

8. Référence claire à la hiérarchie traditionnelle des *oratores, bellatores* et *laboratores*.

> s'affirme cette certitude :
> penser qu'il n'est de mérite
> que dans la richesse. »

Le Vénitien Cá Masser, au début du XVIe siècle, avait raillé les Portugais qui n'avaient pas l'esprit commercial. Au milieu du siècle, Garcia de Orta les définit par leur esprit mercantile, les accusant d'être peu curieux d'augmenter leur savoir ; plus amis du discours que de l'action et de l'écrit, ils ne travaillent que pour acquérir les marchandises qui leur sont accordées. Le Français André Thevet, un peu plus tard, les caractérise dans ses *Voyages* de la même façon : « Le peuple y est fin, accort, prévoyant à ses affaires, industrieux et actif, et duquel toute l'étude gît à naviguer, à cause qu'ils en espèrent profit. » Au moment d'entrer dans le XVIIe siècle, toute l'ancienne réputation guerrière a disparu : François Pyrard de Laval dira alors des Portugais qu'ils « sont bons marchands, et bons mariniers, et puis c'est tout ».

Cette évolution du portrait psychologique semble donner raison à une interprétation de la décadence qui rejoint les craintes déjà exprimées entre 1537 et 1550 par Jorge Ferreira de Vasconcelos, dans le discours de Zelotypo de la *Comedia euphrósyna* (acte II) : « Cette terre [l'Inde] est entièrement bonne, elle est abondante et riche, mais je m'en tiendrais à la terre de Portugal qui surpasse tout en quantité, si la convoitise de l'Italie et les délices de l'Asie ne la corrompaient pas. Et nos Portugais, qui se croyaient plus modérés que les Laconiens, vivent là dans le désordre et le vice, à tel point que les indigènes disent de nous que nous sommes arrivés en Inde comme des chevaliers courageux, mais que nous la perdrons comme des marchands cupides et vicieux. Que Dieu nous aide à exalter sa foi ! »

Quand les économistes du XVIIe siècle se pencheront sur ce problème crucial, ils aboutiront à une conclusion opposée. Lisons Duarte Gomes Solis : l'erreur décisive de l'empire portugais, ce fut que le conquérant ne sut pas se faire commerçant, ni administrer en tant que marchand ; les Portugais chérissaient plus les armes que le commerce. Il aurait fallu dominer la mer sans s'immiscer dans les problèmes de la terre - dom Francisco de Almeida avait raison contre Albuquerque. Il est vrai que les rois ont été des marchands, mais sans compte, ni poids, ni mesure : les livres de comptes de la *Casa da India* firent défaut, les officiels, qui n'étaient pas commerçants de profession, prenaient l'argent au change, sans se douter de ce qui pouvait en résulter ; et c'est aux changes qu'il faut attribuer la ruine de l'État, qui commence en 1544.

Interprétations contradictoires qui expriment, au fond, les contradictions mêmes de la réalité. L'État s'est mercantilisé mais il ne s'est pas organisé comme une entreprise commerciale. Le chevalier s'est laissé entraîner par la cupidité, mais il n'a pas su se faire marchand et s'est ruiné dans des dépenses inconsidérées. Le marchand a voulu être, ou s'est cru obligé de prétendre à la chevalerie, et l'hypertrophie de l'État-négociant a fait obstacle au développement d'une forte bourgeoisie marchande et industrielle. On a découvert la nécessité de l'épargne, mais on l'a détournée vers le placement immobilier, sans protéger l'investissement. L'argent de l'expansion ira surtout aux églises qui se sont multipliées, aux éblouissantes sculptures sur bois, et aux demeures seigneuriales qui parsèment la province - demeures et églises qui seront encore les pôles d'une construction urbaine, par ailleurs, relativement modeste. L'investissement, quand il existe, se fait dans les cadres seigneuriaux - chevalier-marchand, seigneurie-capitaliste, État marchand-seigneurial - qui définissent sans doute la réalité fuyante, changeante, et très embrouillée de ces deux siècles.

Autant dire que le vecteur dominant de cette mutation du monde, c'est le commerce, ce commerce, qui, dénigré par les religieux et les nobles, modelait l'expansion, et que l'intendant de la *Casa da India,* pourtant traditionaliste sous bien des aspects, considérait comme « le moyen par lequel on concilie et on traite la paix et l'amour entre tous les hommes » car il « est le fondement de toute civilisation humaine policée, même si les contractants n'obéissent pas à la loi et ne croient pas à la vérité, que chacun est obligé d'avoir, et qu'il tient de Dieu ». Et à saint François Xavier, secouant la poussière en quittant la ville de Mamon, avait répondu par avance Tomé Pires : « Le négoce des marchandises est si nécessaire que sans lui le monde ne pourrait survivre ; c'est lui qui ennoblit les rois, qui grandit les peuples et anoblit les villes, et qui fait la guerre et la paix dans le monde. La pratique de la marchandise est honnête. Je ne parle pas de son usage, tenue en haute estime : quelle chose peut être meilleure que la vérité ? »

Le mot décisif a été prononcé : par la marchandise, par l'élargissement du marché à l'échelle du globe, une nouvelle mentalité est née, grâce à laquelle l'homme apprend à se situer dans l'espace de la perception visuelle et de la géométrie, dans le temps de la date, de la mesure et du changement, à s'orienter grâce au chiffre, objet de vérification, commençant ainsi à forger l'instrument qui va lui permettre de séparer le réel de la gangue du fantastique.

Traduction de Claude Fages, avec la collaboration de Michel Chandeigne et d'Ilda Mendes.

Du même auteur :

Razão e história, Lisbonne, 1940.

Documentos sobre a expansão portuguesa até 1460, Lisbonne, 3 vol., 1943-1956.

Prix et monnaies au Portugal 1750-1850, Paris, S.E.V.P.E.N., 1955.

A economia dos descobrimentos henriquinos, Lisbonne, 1962.

Ensaios (Histoire universelle ; Histoire du Portugal ; Théorie & méthodologie de l'Histoire ; Humanisme universel et réflexion philosophique), Lisbonne, 4 vol., 1967-1971.

L'économie de l'empire Portugais XVe-XVIe siècle, Thèse de doctorat de Sorbonne, 1958. Paris, S.E.V.P.E.N., 1969.

Introducção à história económica, Lisbonne, 1970.

A estrutura da antiga sociedade portuguesa, Lisbonne, 1971. Éd. revue et élargie, 1977.

Os descobrimentos e a economia mundial, Lisbonne, 2 vol., 1963-1970. 2e édition revue et élargie, Lisbonne, 4 vol., 1984.

Les finances de l'État portugais des Indes orientales 1517-1635, Paris, Centre culturel portugais de la Fondation Gulbenkian, 1982.

Mito e mercadoria, utopia e arte de navegar (séc. XIII-XVIII), Lisbonne 1990.

« Venise - les dimensions d'une présence face à un monde tellement changé », Colloque international sur la civilisation vénitienne. Venise, In : *Atti*, octobre 1973.

« L'émigration portugaise XVe-XXe siècle - une constante structurale et les réponses au changement du monde », *Revista de história económica et social,* n° 1, Lisbonne, 1978.

« Reflexão sobre Portugal e os Portugueses na sua História », *Revista de história económica et social*, n° 10, 1982.

« Entre mito e utopia : os descobrimentos, construcção do espaço e invenção da humanidade », *Revista de história económica et social*, n° 12, 1983.

Bibliographie établie par la Librairie de langue portugaise, 10, rue Tournefort, 75005 Paris. Tél. : (1) 43.36.34.37.

Déjà parus dans la même collection

Lisbonne hors les murs
1415-1580. L'invention du monde par les navigateurs portugais
Dirigé par Michel Chandeigne
Série Mémoires, n° 1

Thèbes, 1250 av. J.-C.
Ramsès II et le rêve du pouvoir absolu
Dirigé par Rose-Marie Jouret.
Série Mémoires, n° 2

Londres 1851-1901
L'ère victorienne ou le triomphe des inégalités
Dirigé par Monica Charlot et Roland Marx
Série Mémoires, n° 3

Éditions Autrement
Directeur-rédacteur en chef : Henry Dougier. *Rédaction :* Guy-Patrick Azémar. Béatrice Boffety. Nicole Czechowski. Maurice Lemoine. Lucette Savier. *Fabrication/Secrétariat de rédaction :* Bernadette Mercier, *assistée de* Hélène Dupont. *Maquette :* Patricia Chapuis. *Services financiers :* Dominique Mitler. *Gestion et administration :* Anne Allasseur. Agnès André. Hassina Mérabet. Christian Da Silva. *Directeur du développement :* Bernard Champeau. *Service commercial :* Jean-François Platet. *Attachée de presse :* Karine Mallet-Belmont.

Abonnements au 1er janvier 1991 : la collection « Mémoires », complémentaire des Série « Monde » et « Mutations », est vendue à l'unité (120 F par ouvrage) ou par abonnement (France : 650 F ; Étranger : 770 F) de 7 titres par an. L'abonnement peut être souscrit auprès de votre libraire, ou directement à Autrement, Service abonnements, 4, rue d'Enghien, 75010 Paris. Établir votre paiement (chèque bancaire ou postal, mandat-lettre) à l'ordre de NEXSO (CCP Paris 1-198-50-C). Le montant de l'abonnement doit être joint à la commande. Veuillez prévoir un délai d'un mois pour l'installation de votre abonnement, plus le délai d'acheminement normal. Pour tout changement d'adresse, veuillez nous prévenir avant le 15 du mois et nous joindre votre dernière étiquette d'envoi. Un nouvel abonnement débute avec le numéro du mois en cours.

Directeur de la publication : Henry Dougier, Revue publiée par Autrement
Comm. par. 55778. Corlet, Imp. S.A., 14110 Condé-sur-Noireau. N° 17256.
Dépôt légal : septembre 1990
ISBN : 2-86260-313-9. *Imprimé en France*